U0649114

买保险
就这么简单

图 影◎著

中国铁道出版社有限公司
CHINA RAILWAY PUBLISHING HOUSE CO., LTD.

内 容 简 介

本书采用人物案例与具体产品相结合的方式，详细介绍了保险理财的相关知识。全书共 8 章，主要内容包括：如何购买传统重疾险、医疗险和寿险；重点认识养老险、投连险和万能险以及相关购买技巧、风险识别；此外，还对互联网保险的主流产品进行了介绍。

本书逻辑结构清晰，行文简练，实用性和实操性较强，通过一个个案例和生动的笔法，可为普通消费者、理财小白以及有保险理财需求的广大读者带来实际有用的帮助。

图书在版编目（CIP）数据

买保险就这么简单 / 图影著 . —北京：中国铁道
出版社，2019.6
　ISBN 978-7-113-25493-3

　Ⅰ . ①买… Ⅱ . ①图… Ⅲ . ①保险－基本知识
Ⅳ . ① F84

中国版本图书馆 CIP 数据核字（2019）第 027300 号

书　　　名：买保险就这么简单
作　　　者：图　影　著

责任编辑：张亚慧　　　　　　　读者热线电话：010-63560056
责任印制：赵星辰　　　　　　　封面设计：MXK DESIGN STUDIO

出版发行：中国铁道出版社有限公司（100054，北京市西城区右安门西街 8 号）
印　　刷：三河市兴达印务有限公司
版　　次：2019 年 6 月第 1 版　　2019 年 6 月第 1 次印刷
开　　本：700 mm×1 000 mm　1/16　印张：13.25　字数：163 千
书　　号：ISBN 978-7-113-25493-3
定　　价：49.00 元

版权所有　侵权必究

凡购买铁道版图书，如有印制质量问题，请与本社读者服务部联系调换。电话：（010）51873174
打击盗版举报电话：（010）51873659

我的第一张保单

收到图影小姐的邀请，希望我为她的新书写几句话。我对图小姐的深刻印象，始于多年前她撰写旅游险行业报告时对我的采访，从提问中可以窥见她对行业有着深刻洞见。此后，常常留意到图小姐采写的诸多深度报道。最近，图小姐和我一样把精力投入了重疾险与寿险领域，研究跟踪时下火热的"百万重疾险""百万医疗险"，客观剖析产品利弊，角度精准独特，对市场参与者与广大读者都具有较高的参考价值。

此次图小姐的邀请，勾起了我与保险的纠葛和回忆。

1997 年初的一天，父亲帮我买了一份保险，告诉我说"今年的保费已经交了，未来的 19 年你都要记得按时去缴保费"。当时，我刚参加工作不久，在航空业，并不知道保险为何物，只记得要连续缴费 20 年，包含 10 万元的身故赔偿，每 5 年可以有一次保险分红。然后，这份保单文件就被我放进了抽屉。

直到第二年年初，保险公司的续保通知寄到了我手中，我才第一次仔细看账单，要缴将近 9000 元的续期保费。天呐，我还要缴 19 年！

接下来的 19 年，我都咬牙缴齐了续期保费。出于对高额保费的敬畏，每次缴费时我都会把保单条款拿出来重温一遍，这成了我真正认识保险的开始。每年近 9000 元的保费，逼我开始学习保险知识。而每 5 年一次的分红，成了我续费时唯一的安慰。

20 世纪 90 年代，我的工作是服务于国航，当时的机票销售还是在售票柜台，航空公司会向购票的客人推荐买一份航空意外保险。20 元的保费，20 万元的保额，每人每航段。当时，我在想，保险公司真是暴利啊，空难的发生率这么低，为什么还有人要花钱买这样的保险呢？

存在即合理。两年以后，我想明白了，原因有三：一是空难一旦发生，生还概率很低；二是空难发生后，社会广泛传播容易引起民众的重视和恐惧；第三，搭售航意险的渠道，如机票分销商，有利可图，佣金驱动了此业务在航空业的主动营销。

2000 年开始，中国的民航机队规模快速扩大，航空旅行逐渐普及。在严格执行安全第一的民航体系中，航班延误成为了季节性的中国特产。我想，有朝一日如果能与保险业合作，一定要做一款保障航班延误的保险，人的生命无价，时间也无价，延误的时间自然也是无价的。结果，这个小小的想法在 7 年后就得到了续写。

2003 年，AIG 通过猎头公司找到我，为他们在中国刚刚成立的财险公司 AIU 寻找旅游意外保险的负责人。父亲买给我的第一张人寿保单和我在国航接触过的航空意外险，成为我加入保险业的前奏。

带着此前对航班延误险的设想，我义无反顾地从北京来到了上海，加入了 AIG。AIG 的旅游险团队，从美国总部到中国，全部来自旅游业，有像我这样的航司背景，也有来自酒店业的同事，凭借其全球经验和本地化的产品设计，AIG 的旅游保险很快成为其在华业务的明星险种。

2007 年，我和南航沟通保险合作。南航总部位于广州，受季节台风及航路管制的双重影响，航班延误是家常便饭。谈判不到一个月，我终于把 7 年前的构想——航班延误产品放在了南航的官网上，这也是当年南航官网销售的唯一险种。20 元的保费，可以保障 4 小时的航班延误 +50 万元的航空意外。

在保险业，我实现了在国航时的初心，通过保险补偿时间的价值，更重要的是，航班延误补偿可以让用户有即时体验，保险赔偿也不是只有非死即伤。通过即时理赔体验，快速获赔的保险通过航空公司和信用卡等渠道走进了航空旅客的日常生活，因为有广泛的参与性，让更多人感受到了保险的正面体验。此时，父亲给我的高额保单只缴纳了一半的年份。

6 年前也就是 2012 年，我已经从旅行类保险，转身聚焦意外健康险类保险，尤其是健康保险。在旅行途中，延误保险对于大家是小赌怡情的小确幸。人生的旅途，真正颠覆命运的风险在于生老病死，重大疾病可能成为我们人生最大的财务危机。2018 年以来，保险业出现负增长，但健康险仍出现 32% 的同比增长，且购买者的平均年龄在逐年下降。尤其是养老方面，随着未来医疗费用的预期高企，年轻人越来越深刻理性地认识到保险对家庭财务风险的对冲作用，健康险市场需求巨大。

2017 年的一天，我在深圳一家眼镜店配镜，和年轻的店员互加了微信预约取镜。期间，我在朋友圈转发了关于长期重疾保险的文章。眼镜店的店员很客气地请教我保险的问题，他想买一份长期重疾保险，作为礼物送给他即将做爸爸的同事。他的理由是，一年才交几百块钱，能得到50万元的保障额度，这样的财务杠杆，比送奶粉和尿片有价值多了。

这位店员的举动使我受到很大的震动。回想20年前的我，也是被买了一份保险，带着多少不情愿，"含辛茹苦"地续缴了19年的保费。而今，物是人非，时代变迁，民众的保险意识发生了本质上的变化！一个"90后"的年轻人，他会买一份长期险作为礼物，他会以长期重疾险作为未来财务风险的对冲。这些年轻人，他们有更好的生活条件，他们自律自强的责任感远超我们的祖辈。

而这时，20世纪90年代父亲买给我的20年期两全寿险保单已经到期，开始领取生存收益金。此时，我明白了保险的意义。当年父亲给我买的那份保险，还是被保险公司的代理人以同乡的情感"绑架"，被游说买下的保单将伴我一生，被"骗"入行的我也在保险行业服务了多年，见证了行业的沉浮变迁和两代消费者对于保险截然不同的认知和信任。

这也得益于图小姐和她的同事们，为保险行业的进步和社会的信任建设贡献力量，以新闻媒体人的专业高度和职业操守记录时代风云，传播保险行业正能量。希望图小姐的这本书能为更多读者带去知识，也为更多的保险人坚定信仰，实现初心。

慧择网副总经理　蒋力
2019年3月

没有最好的保险，但有遴选的方法论

随着保险理念得到普及，以及收入增加，国内民众对于保险产品的接受度越来越高。当下，很多人都不得不面临一个现实问题：为了应对不期而遇的疾病、重大意外事故等风险，自己及家庭成员应该拥有这样一份保障，但是，哪些保险产品更适合自己？这些产品有哪些风险？除了基本的保障功能，兼具理财功能的保险产品该如何选择？作为普通消费者，又该如何识别规避潜在风险？

最近几年，因为职业关系，不断有亲朋好友频频向我询问如何买保险，希望从我这里得到所谓的绝招。说实话，每次遇到这种情况，我是哭笑不得，每个人的需求不同，选购保险产品自然不一样，但基于大家对我的信任，我只能一个一个地去耐心解答。

一次同学聚会，有同学建议，既然我对保险行业的跟踪观察和研究报道已近10年时间，对行业有深刻的认识和独家思考，不如我干脆写本书，专门教大家如何选购保险产品，了解行业规则以及识别产品陷阱，如此一来，可以让更多的普通人能得到实际的帮助和指导。

仔细想想，同学的建议很有道理，能够将自己的所思所想，包括经验总结分享给更多有需求的读者朋友，无疑是一件快乐的事情。这也是促使我下定决心写作本书的初衷和原始动力。

在现实生活中，无论你是出席会议，还是休闲散步，相信很多人都遇到过保险代理人走过来热情地向你推销产品。按照保险代理人的说辞，"没有最好的保险，只有最适合你的保险。"在简单问过你的个人及家庭的业务收入、风险偏好、保障缺口等情况之后，一套价格不菲的保险保障方案正等着你来埋单。

然而，尴尬的是，很多时候，在情绪影响之下购买的产品，压根不是你所需要的，或者真正到了理赔时，发现之前的合同条款根本没看过……此外，随着保险公司产品升级换代，"更好"的产品立马迎面而来，这让很多民众无所适从，感觉自己此前对保险的那点浅薄的认知完全不够用了。

如今，如何精打细算甚至更科学地买保险，对于普通家庭而言，必要性无须赘言。但很多人容易忽略的是，保险产品从设计、销售到理赔等环节，涉及不同的人，自然就牵扯到各种利益分配。

具体来说，精算师、代理人、银行理财经理、中介顾问、消费者，他们作为产品的设计者、销售者和购买者很难跳出自己的角色客观地看待保险产品。毕竟，作为复杂的金融产品之一，让普通的保险小白真正看透产品并不容易，一方面，专业的保险人士字斟句酌设计的保险条款在消费者看来也许晦涩难懂，另一方面，宣传中描述的保险责任也许并不完善，或者还有所侧重。

本书共分 8 章，分别从重疾险、医疗险、寿险、养老险、投连险、万能险、意外险以及主要互联网保险等品类进行深入剖析。

如今，健康险获得的市场关注度与日俱增，健康险大类中的重疾险和医疗险也是本书重点阐述的险种。近年来，包括重疾险在内的健康险保费收入总体快速增长，这一方面得益于国民收入的整体提升和居民保险消费意识的觉醒，另一方面，监管部门针对健康险的支持政策频频出台，为该领域的快速发展释放了积极的信号。

2017 年以前，健康险保费增长的态势十分明显：2010 ～ 2016 年，国内健康险原保费收入从 691.72 亿元迅速增长至 4042.5 亿元，增幅达 4.8 倍，占人身险保费收入的比重从 6.37% 增至 18.2%，占全行业保费收入的比重从 4.66% 增至 13%。同时，健康险深度（保费 /GDP）由 2010 年 0.17% 增至 2016 年 0.54%；健康险密度由 2010 年 50 元 / 人增长至 2016 年 292.3 元 / 人。

2017 年，健康险"重回理性增长"，高现金价值的护理保险受监管政策影响萎缩，以重疾险为代表的其他种类的健康险继续保持快速增长的态势。但到了 2018 年第二季度，健康险保费重回正增长，尤其是在新闻、电影等聚焦患病案例、抗癌药品价格等事件的驱动下，重疾险和医疗险的销售热度日趋高涨。

从应对疾病风险的角度出发，重疾险和医疗险应当是消费者的标配。一方面通过重疾险，可获得一笔保险金赔偿，可以有效应对重疾发生后的"收入损失"风险；另一方面报销型的医疗险可以实报实销，解决治疗费用，两者配合能解决"没钱治病"的问题，也能防止家庭受到拖累"因病致贫"。

具体而言，消费者在实际选购的过程中可能会面临一些选择的难题，比如买重疾险最应该关注什么问题？想买终身重疾险但感觉太贵了怎么办？碎片化的重疾险有必要买吗？价格低廉的短期重疾险到底有什么问题？大家都说香港保险的保障好，应该去那边买重疾险吗？对于这些较为常见的疑问，网络上的解答可谓五花八门、鱼龙混杂。我力图以真实的产品对比、客观的功能分析，为读者进行准确判断提供参考。

　　相对于重疾险，医疗险的重要性并不次于前者，但遗憾的是，目前此类可选产品丰富度不够。无论是赠险、医保个账可购买的健康险，还是昂贵的高端医疗险，对于更广泛的投保群体而言，实际的效用都非常有限。

　　不过，可喜的是，以百万医疗险为代表的"中端医疗险"崛起，一定程度上激发了市场需求。数据显示，百万医疗险上线不到三年，消费者数量迅速增长至千万级，成为不少新生代消费者的"第一张健康保单"，其中"80后"成为主力购买人群。

　　不仅如此，这一创新医疗险产品还将覆盖人群范围拓展至老年人群体，惠及了更多的居民，优势显而易见。当然，百万医疗险在快速发展下也存在一些问题，比如保额虚高、宣传不规范、产品同质化等，但总体而言，这一产品因其保障的高杠杆性仍值得推荐。

　　寿险作为以人的"生死"为承保标的的产品意义重大，但国人对此类产品的接受度还远远不足。终身寿险覆盖的期限是人的"一辈子"，但"不赔本"的代价到底是什么，谁都适合购买吗？实惠的定期寿险在国内不受待见，到底是国人的储蓄型思维作怪，还是这一险种的推广普及力度欠缺，或兼而有之？值得各方深入思考。

未来，值得期待的是，轻量化的互联网渠道给定期寿险发展出最好的土壤，诸如给父母定制的定期寿险等创新产品，也给产品设计方面带来了新的思路，纯风险保障型的产品前景值得期待。

作为寿险大类中的一种，我特地将养老险放在本书第二部分保险理财内容部分。所谓保障的归保障、理财的归理财，无论是养老年金，还是短期的个人养老保障管理产品，都离不开收益的计算。

一个尴尬的现状是，虽然市场需求是刚性的，但养老年金产品的赚钱能力有限制约了产品的吸引力，而在投资端享有特殊优势的个人养老保障管理产品，却以较高的收益赚足了市场眼球。

此外，对于政策性的税延养老险、住房反向抵押保险、长期护理保险、养老社区对接的保险产品，目前仍处于刚刚起步的状态，了解这些产品的发展现状，可以为养老险的发展和消费者未来的养老选择提供新的方向。

与此同时，投连险和万能险都是最典型的理财险，对消费者而言，万能险既不是"洪水猛兽"当然也不是"万能"的，投连险在享受账户收益的同时，也承担对应的风险和费用。归根结底，理财险的本质要回到收益率的比较上来，脱离了收益率空谈保障是对消费者的不负责任。

近年来，越来越发达的互联网渠道为消费者自助购买带来了便利。即便是产品设计趋于小额、碎片化，产品条款也力求简单、便捷，但因保险本身的金融产品属性，除了已形成规模的退运险，其他大部分品种条款仍无法做到纯粹的"一目了然"。这也导致互联网保险的被投诉率一直居高不下。

之所以出现这种现象，归根结底是保险公司对保险责任未尽到说明义务，甚至在销售阶段存在误导。换句话说，一些表面上看起来性价比更高的互联网保险产品，实际上可能暗藏着各种各样的"坑"。意外险是最适宜互联网销售的传统险种之一，而账户安全险、航延险、手机碎屏险等创新产品的横空出世，也在一定程度上以保险的方式满足了各类互联网长尾需求。

俗话说，授之以鱼不如授之以渔。没有绝对的好产品，但可以有遴选保险的方法论。站在资深保险行业观察者的视角，基于对保险机构和旗下产品多年的了解和研究，我搜集整理了目前市面上销售的数百款热点保险产品作为案例，详细剖析这些产品的功能，告诉读者如何鉴别和购买，并重点提示相关产品可能出现的风险点，希望给个人及家庭配置保险产品带来有价值的参考。

编 者
2019 年 3 月

| 目 录 |
CONTENTS

第1篇　居家必备的保障大类

第1章　重疾险 / 2

1.1　覆盖疾病种类越多越好吗 / 4

  1.1.1　你是否支付了高额溢价 / 4

  1.1.2　不必盲目追求所谓的"全" / 7

  1.1.3　消费者还应该关注什么 / 9

1.2　终身重疾险还是定期重疾险 / 11

  1.2.1　趁身体健康早做选择 / 11

  1.2.2　想买重疾险太贵怎么办 / 14

  1.2.3　"定期重疾险＋理财"对比终身重疾险 / 16

1.3　按需购买的碎片化重疾险 / 18

  1.3.1　特定疾病保险的必要性 / 18

  1.3.2　儿童高发白血病保险 / 20

  1.3.3　轻装上阵的防癌险 / 22

1.4　短期重疾险的亮点和隐忧 / 25

  1.4.1　买一年保一年重疾保障 / 25

  1.4.2　与长期重疾险的区别何在 / 27

1.5　香港重疾险一定更好吗 / 30

　　1.5.1　产品设计更为复杂 / 30

　　1.5.2　香港保险的优劣到底在哪儿 / 32

第 2 章　医疗险　/　39

2.1　补充医疗保险的普及和推广 / 41

　　2.1.1　可"变现"的赠险 / 41

　　2.1.2　有效补充医保缺口 / 44

2.2　如何用医保个人账户购买商业医疗险 / 46

　　2.2.1　社保卡里的钱"躺着睡大觉"太可惜 / 46

　　2.2.2　谨防陷入销售套路 / 48

2.3　中端医疗险日渐崛起 / 51

　　2.3.1　日趋同质化的百万医疗险 / 51

　　2.3.2　理性看待"保证续保" / 55

2.4　老年人适合买哪些医疗险 / 57

　　2.4.1　"亲民"的防癌医疗险 / 57

　　2.4.2　优选服务更好的产品 / 60

2.5　高昂的高端医疗险 / 63

　　2.5.1　高端医疗险为什么赔付高 / 63

　　2.5.2　高端医疗险"高"在哪儿 / 65

第 3 章　寿险　/　69

3.1　终身寿险的代际传承功能 / 71

　　3.1.1　"不赔本"的终身寿险 / 71

3.1.2 寿险保单可以避债吗 / 73

3.1.3 普通家庭不切实际的选择 / 75

3.2 定期寿险撬动高保额 / 78

3.2.1 越来越受欢迎的互联网新秀 / 78

3.2.2 如何挑选合适的定期寿险 / 81

3.3 创新型定期寿险 / 84

3.3.1 为父母定制的专属养老金 / 84

3.3.2 定期寿险 + 年金设计 / 86

3.4 搭配销售的两全保险 / 89

第 2 篇　具备双重功能的理财保险

第 4 章　养老险　/　94

4.1 养老年金的实际效用 / 96

4.1.1 保守的保险理财方式 / 96

4.1.2 "1 元养老险"背后需求暗涌 / 100

4.2 个人养老保障管理产品 / 101

4.2.1 养老险公司专属理财产品 / 101

4.2.2 "中低"风险的优选理财 / 103

4.3 如何购买税延养老险 / 105

4.3.1 怎样选择适合自己的组合 / 105

4.3.2 谁适合投保? 怎么投 / 110

4.4 住房反向抵押养老险 / 112

4.4.1 "居家养老"还是"以房养老" / 112

4.4.2 谁买了"以房养老"保险 / 114

4.5 值得期待的长期护理险 / 116

4.5.1 国内缺失的长期护理险 / 116

4.5.2 破解老龄化难题的核心举措 / 118

4.6 方兴未艾的养老社区 / 121

4.6.1 医养结合的高端养老方式 / 121

4.6.2 保单＋养老社区模式 / 123

第5章 投连险 / 126

5.1 投连险的运作模式 / 127

5.1.1 属于长期投资类产品 / 127

5.1.2 了解投连险的扣费影响 / 129

5.2 根据风险偏好选择投资账户 / 131

5.2.1 投连险账户收益率排名 / 131

5.2.2 稳健的类固定收益型投连险 / 133

第6章 万能险 / 138

6.1 万能险并不是万能的 / 140

6.1.1 有保底收益的理财险 / 140

6.1.2 昙花一现的高现价万能险 / 141

6.2 从"开门红"附加险到主险 / 143

6.2.1 "年金＋万能"组合 / 143

6.2.2 万能险组合产品的槽点 / 145

6.3 从万能险结算利率看保单收益 / 149

第 3 篇　多样化需求驱动的互联网保险

第 7 章　意外险　/　156

7.1　意外险有哪些"坑"　/ 158

7.1.1　"百万身价"意外险合算吗　/ 158

7.1.2　短期意外险购买主要事项　/ 160

7.2　交通工具意外险　/ 164

7.2.1　第一大意外风险事件　/ 164

7.2.2　定制化组合类产品　/ 166

7.3　个性化发展的旅行意外险　/ 168

7.3.1　旅游场景的必备保险　/ 168

7.3.2　户外运动专属旅游险　/ 170

第 8 章　其他碎片化互联网保险　/　172

8.1　账户安全险到底赔什么　/ 174

8.1.1　到底在什么情况下理赔　/ 174

8.1.2　账户安全险理赔指南　/ 177

8.2　航延险常见陷阱识别　/ 178

8.2.1 航班延误催生航延险　/ 178

8.2.2　保险责任可能大"瘦身"　/ 180

8.3　手机碎屏保能不能买　/ 183

8.4　网销重疾险能买吗　/ 186

8.4.1　相互选择的网销重疾　/ 186

8.4.2　网销保障类理赔难吗　/ 189

后记　/　191

第 1 篇
居家必备的保障大类

第1章

重疾险

————————○━━━━━━━━━━━━━━━━━━━━━○————————

　　谈及重疾险，消费者往往陷入两个极端。一方面，始终有很多人认为，重疾险中包含的重疾都是得了快要死的疾病，还有很多人"谈癌色变"，一谈到重疾险，感觉晦气，直接选择拒绝；另一方面，这几年以恶性肿瘤为主的重大疾病发病率逐年上升，随着使用社交媒体用户的激增，信息快速传播，使得民众对重大疾病的认知比以前更加具体，因为过于害怕，盲目选择重疾险的人也越来越多。

　　而正确理性认识重疾险，是选购一份合适的重疾险的第一步。

本章主要内容包括：

➤ 覆盖疾病种类越多越好吗

➤ 终身重疾险还是定期重疾险

➤ 按需购买的碎片化重疾险

➤ 短期重疾险的亮点和隐忧

➤ 香港重疾险一定更好吗

首先，重疾险到底可以解决的是什么问题？据了解，首款重疾险源于一名南非医生伯纳德博士的发现。他注意到，虽然医疗技术不断发展，很多过去不能治疗的疾病，也有了治愈的可能性，但还是有很多患者，会因为经济原因而最终失去生命。

很多时候，治疗这件事已经花掉了患者的大部分积蓄，这就迫使患者在治疗之后不得不马上回到工作岗位，挣钱以维持后续的生活。我们都知道，患病之后安心修养才是最佳的选择，但很多患者因为经济原因失去了这样的选择机会。

重疾险解决的就是这样的问题，罹患重疾可得到一笔收入补偿金。伯纳德是一名心脏外科医生，他为了帮助患者找到解决因为经济问题最终去世的方案，可谓费尽心思，但却没找到现成的产品模式，他选择和保险公司合作开发出了一款保险产品来解决这个问题，这就是最早的重疾险。

为了拯救更多的患者，伯纳德医生一直推广重疾险，但直到他去世，人们对重疾险仍然缺乏正确的认识。

其次，重疾险的供需是否匹配？根据中国人身保险产品信息库披露的数据，2017 年前三季度，入库的在售产品中健康保险最多，有 4164 款（占比 45%），其中，重疾险和防癌险占比 36.1%。从需求端来看，在购买重疾险的群体中，很大比例是亲朋好友中有人得了重疾，造成了不小的花费，从而刺激他们寻求购买此类产品。事实上，也有一部分人有购买需求，但因为不太信任保险公司或保险从业人员，仍处于观望状态。

客观来说，覆盖癌症保障的重疾险，在家庭保险保障配置中的重要性日益凸显。尤其是对于家庭支柱而言，购买一款合适的重疾险不可或缺。

市面上的重疾险种类繁多，传统的个险、经代渠道的产品设计相对复杂，互联网渠道的重疾险设计相对简单、清晰，产品并无实质差异。那么，选购一款重疾险要避开哪些"坑"？本章第 1 节重点指出选购一款重疾险最应该关注的点：一定要买保终身的重疾险吗？第 2 节告诉你，看似保障更多的终身重疾险也许并不是性价比最高的选择；另外，创新的互联网重疾险能买吗？第 3 节深入探讨，互联网重疾险不但能买，还是长期险的有益补充。

除此之外，本章还探讨了重疾险的两个案例，一个是近年来国内兴起的一年期重疾险，第 4 节侧重分析这类保险的明显优势；另一个是要明确一点，购买短期重疾险并不能取代传统重疾险。

近年来，越来越多的人赴港买保险，所谓保障更高、"严进宽出""理赔体验更好"等理由屡屡被提及。内地的保险能比得上香港吗？第五节从一个实际案例客观对比两地重疾险的差异，帮助读者更好地判断。

1.1　覆盖疾病种类越多越好吗

1.1.1　你是否支付了高额溢价

现实生活中，我们经常会碰到"保障 100 种疾病好还是 50 种疾病好"

的问题，尤其是对那些有选择困难症的人来说，似乎任何一个选择都有利弊得失，事实上也是如此，并没有唯一的答案。

白领小吴经朋友推荐锁定一款重大疾病保险，相比市面上其他重疾险覆盖 60 种疾病种类，这款产品宣传显示涵盖 110 种重大疾病。从表面上看，保障种类越多的产品，对消费者的吸引力显然更大。

但令小吴倍感纠结的是，选购覆盖疾病种类少的吧，担心万一将来患病发生小概率事件，如果恰好患的病不在覆盖范围之内就亏大了。但一个现实问题是，覆盖疾病种类 110 种的产品，比覆盖 60 种的产品每年保费要贵 10%。这就带来一个问题，为了覆盖更多的疾病种类，多付出的保费到底值不值？

我注意到，为了引起消费者的关注，目前市面上的重疾险保障险种呈现出越来越多的趋势，少则 50 种左右，多则上百种（包含轻症），而很多消费者也觉得覆盖的疾病越多越好。在业内人士看来，这一现象反映了消费者购买重疾险的一大误区——以保障范围来衡量产品优劣。

事实上，为了保障消费者权益，方便消费者选择重大疾病保险，中国保险行业协会与中国医师协会共同制定了重大疾病保险的疾病定义，任何一款重疾险产品必须要符合《重大疾病保险的疾病定义使用规范》。

按照规定，各家保险公司对重疾病种的认定，均以《重大疾病保险的疾病定义使用规范》为基础，包含 6 种必保、19 种可选，共计 25 个种类，目前市场上所有商业重大疾病保险都是以此为保障核心的。这就意味着，各家保险公司的重疾险其实并无太大差异，只是在此基础上自行增加一些

买保险就这么简单

疾病种类，目的是与其他公司显得不一样，销售时更有噱头。

可能很多消费者并不清楚 6 种必保和 19 种可选疾病。下面，我们详细列出来。

6 种必保疾病包括：恶性肿瘤、急性心肌梗塞、脑中风后遗症、重大器官移植术或造血干细胞移植术、冠状动脉搭桥术（或称冠状动脉旁路移植术）和终末期肾病（或称慢性肾功能衰竭尿毒症期）。

19 种可选疾病为：多个肢体缺失、急性或亚急性重症肝炎、良性脑肿瘤、慢性肝功能衰竭失代偿期、脑炎后遗症或脑膜炎后遗症、深度昏迷、双耳失聪、双目失明、瘫痪、心脏瓣膜手术、严重阿尔茨海默病、严重脑损伤、严重帕金森病、严重Ⅲ度烧伤、严重原发性肺动脉高压、严重运动神经元病、语言能力丧失、重型再生障碍性贫血、主动脉手术。

如果不考虑价格因素，覆盖的疾病种类当然是越多越好。但考虑到性价比就不一定了，具体点说，也许你正为一项患病概率极低的大病种类付上高额的保费溢价。

以小吴被推荐的上述重疾险产品为例，虽然所谓的重疾险种类包含多达 110 种，但从实际发病率来看，增加更多的病种对于产品本身的保障而言并没有太大差别。比如目前不少保障种类繁多的重疾险产品都加入了埃博拉病毒的保险责任，但这种疾病是数据统计得到的发病率极低的大病。再如将儿童人群高发疾病川崎病引入成人重疾险中。

个人认为，消费者在购买重疾险时可以将"保障全"排除在产品优势之外，在其他保险责任相差不大的情况下，更多的疾病种类可能并没有增加更多的保障。

1.1.2　不必盲目追求所谓的"全"

当个别代理人试图以更全面的保障为噱头，并用"人生的不可预测性"来鼓动你时，在掏钱埋单之前，你必须知道下面这些数据。

2013 年，原中国保监会公布了首套重大疾病经验发生率表《中国人身保险业重大疾病经验发生率表（2006 ~ 2010）》（保监发〔2013〕81 号文）。据了解，该套重疾表的编制过程中，采用了高达 7500 万条的样本保单量，极具参考价值。该套表格分为 6 病种经验发生率和 25 病种经验发生率，男女各异。

根据表中数据，重大疾病发生概率随着年龄增加而升高，值得注意的是，中年以后男性发病率远远高于女性。6 种必保重疾（恶性肿瘤、急性心肌梗塞、脑中风后遗症、冠状动脉搭桥手术、重大器官移植术或造血干细胞移植术、终末期肾病）发病率占 25 种标准化定义疾病发病率的 60% ~ 90%，成为主要的健康杀手。标准化定义的 25 种重大疾病致死率居高不下，不论男女，致死率均在中年时期快速升高，达到 60% 以上。

据《证券日报》2016 年 8 月报道，中国保险行业协会标准化的 25 种重大疾病保险，几乎覆盖了所有重大疾病的理赔。根据保险公司的理赔数据，在实际的重疾险理赔中，癌症的理赔占比为 60% ~ 70%。如果加上心脏病（心肌梗塞）和脑中风等扩展到 6 种疾病，可以占保险公司理赔的 80% 以上；如果进一步扩展到 25 种，基本上可以占到重疾理赔的 90%。

那么，在这 25 种疾病之外，如果消费者还想增加更多的疾病种类，应该要付多少保费溢价是合理的呢？根据公开披露的精算报告，42 种重疾产品定价所用发生率仅比 25 种重疾发生率增加 5% 左右，这意味着，疾病种类增加到 40 ～ 50 种时，保费增幅在 5% 左右是合理的。对于超过 60 种，甚至高达一百种以上的疾病种类，很大程度上是噱头大于实质，说得直白点，有些大众闻所未闻的疾病，实际上患病概率极低。

说到这里，我们必须得了解一下概率问题。就像买彩票，很多彩民朋友花 2 元都想中百万元大奖，但实际发生的概率是多少呢？千万分之一，甚至亿分之一。因此，从这个角度来说，保障 100 种重大疾病的重疾险并不一定比 35 种的保障更周全。

举一个极端的案例：假设一个公司的产品保障 10 种高发重疾，另外一个公司的产品保障 100 种很少发生的重疾，对消费者来说，前一个更容易发生并且拿到理赔款，尽管数量少，但保障却更周全；后者相当于你给他白白贡献保费，反而得不到什么保障。

从另一个层面上来说，保障的"全"不如保障在"点"上，在重大疾病已有行业标准化规定之后，是否包含高发轻症就成了消费者应该关注的一个关键点。

根据环球网 2018 年 10 月的报道，2015 年 6 月，家人给徐某购买了一款重疾险，主险 45 万元，附加重疾险 43 万元，每年缴保费 18209 元，20 年缴清。两年后的 2017 年 3 月，徐某确诊冠心病，医生提供的建议是做冠状动脉支架手术，住院花费超过 10 万元。2017 年 5 月，投保人的理赔申请书遭保险公司拒赔，双方产生纠纷诉讼至法院，最终徐某败诉。

法院的判定依据为：保险公司该附加险条款约定的重大疾病中，"冠状动脉搭桥术，指为病情严重的冠心病，实施了开胸进行的冠状动脉旁路移植的手术。冠状动脉支架植入术、心导管球囊扩张术、激光射频技术及其他非开胸的介入手术、腔镜手术不在保障范围。"

法院依据保险合同判定，对于"不在保障范围内的疾病不予理赔"本无可厚非，但这也暴露了行业对轻症规范不足的问题。对于不熟悉医疗知识的普通消费者而言，若非遇到这样的理赔案例，一般并不会注意到自己购买的重疾险产品是否涵盖高发轻症。

从保险公司轻症理赔数据可以了解到，轻微脑中风、极早期恶性肿瘤或恶性病变、冠状动脉介入术、不典型急性心肌梗塞等均属于高发轻症，消费者在购买重疾险之前，可以打开保险条款重点看一下是否包含上述几类高发轻症。

1.1.3　消费者还应该关注什么

既然过分关注所谓保障"全"的重疾险意义有限，那么消费者应该更关心哪些问题呢？根据经验，相对于疾病种类，重疾和轻疾的理赔次数、疾病是否分类、是否有豁免、免责条款是否过分苛刻等内容，才是选购一款重疾险中更为值得关注的问题。

与传统代理人渠道相比，目前网销的重疾险产品覆盖疾病种类普遍较高，但并非单纯表现为保费与疾病种类成比例增长，反而在重症、轻症的理赔次数，重疾／轻症的豁免及其他附加服务上各具优势，由于消费者对重疾险的认知程度不断提升，保险公司产品竞争越来越激烈，保费的差异也不明显。

一般而言，重疾险把疾病分为"重症"和"轻症"。比如原位癌等轻症，不像癌症那样会危及生命，治疗所需的花费也不大，但如果保险公司也赔偿轻症，可以缓解消费者的经济压力。轻症的理赔比例一般为重疾的20%～30%。从赔付次数来说，有的仅赔付一次，有的对于不同的疾病种类赔付多达三次。

不过，赔付次数更多、包含轻症、疾病豁免的重疾险通常也包含了更高的风险溢价。当设计一款重疾险产品时，精算师已经将这些风险因素综合考虑在保费中。通俗来讲，消费者要为更多的保险责任买单。对消费者而言，选择更多的赔付次数还是单次赔付的产品，要看个人需求和经济能力。个人建议，如果在家庭资产配置中保险的预算充足，可以配置多次赔付的重疾险，以更好地增加保障。

但在预算有限的情况下，削减保额是不明智的。回到重疾险"收入补偿"的目的，如果消费者是家庭收入的主要来源，建议重疾险的保额至少达到年收入的2倍以上（能保障患者休养两年）；互联网重疾险免体检的保额能达到50万元或者60万元的水平，可满足一般工薪阶层的保障需求。而保障需求更高的人群，则可寻求线下渠道购买额度更高的重疾险。

除了保额的差异，互联网重疾险和线下渠道并无太大差异。在互联网重疾险上线之初，为了适应互联网渠道的销售特征，产品设计上尽量减少责任、价格竞争的趋势也较为明显，但如今互联网渠道销售的重疾险种类越来越多，也不乏一些保险责任较为复杂的产品设计。比如对于健康状况优质的人群，通过上传体检报告的形式可以在基本保额之外免费增加保额。

对比以下几款畅销的长期重疾险可以看到，重疾险本质差别不大、疾病种类参考意义很有限，更多的理赔次数、保费豁免等设计，是决定产品价格的重要决定因素，消费者务必擦亮眼睛，根据自己的实际需求购买。

几款互联网渠道长期重疾险对比

投保案例：25 岁男性 投保 30 万保额			
产品	A 款	B 款	C 款
疾病种类	105 种重疾 +55 种轻症	80 种重疾 +28 种轻症	100 种重疾 +30 种轻症
赔付次数	重症 3 次、轻症 2 次（× 保额 30%）	重疾轻症均可赔 3 次（× 保额 20%）	1 次
是否豁免	含重疾／轻症保费豁免	不含	不含
保费	5580 元／年	6150 元／年	2970 元／年
其他附加服务	无	免费健康管理服务	无

备注：表格内容来自公开信息。

1.2　终身重疾险还是定期重疾险

1.2.1　趁身体健康早做选择

莎莎的朋友圈里有一个年轻女朋友，在去年某天发了一条"要和大家告别一段时间"的消息，此后就销声匿迹了。两人在一次朋友的聚会上认识，虽然算不上闺密，但平时时不时会聊上几句，所以莎莎也会偶尔关注这位朋友的动态。后来，从其他人那里，莎莎得知这位朋友被确诊甲状腺癌，手术倒是顺利，但据说她已经辞职了，说是之前工作太累，想好好休养一段时间。

在莎莎的印象中，这个外地朋友来上海打拼不容易，好强的她工作一直兢兢业业，每天奔波在这个城市的大街小巷，拿着不高的工资，与爱人一起担负沉重的房贷，在确诊患病的前一年，才晋升为妈妈。这一休养，不知要给家庭增加多大的压力。

一个周末，莎莎躲在被窝里刷朋友圈，再次看到了这个朋友更新了信息。照片上，她带着孩子在海滩上玩耍，脸上的笑容无比灿烂。莎莎不禁疑惑，之前那个得病的女人与照片里的似乎不是同一个人。翻着她最近的朋友圈，更多的是这个女人丰富多彩的日常生活情形，或者是在画室里完成了一幅油画作品，或者身姿婀娜地做亲子瑜伽。

莎莎有些蒙，在这位朋友身上，没有朋友圈里常见的"患病求助"的惨剧，反而过上了让人羡慕的生活。莎莎忍不住给这位与众不同的朋友发了私信。对方回复说，在确诊后不久，自己就拿到了重大疾病的保险金，所以就决定休息一阵，得空了就出去散散心，想等身体恢复了再重新出发。保险金在帮助自己支付了手术、药品这些花费之外，还给了她一些更多想要的东西。

听完这个真实的故事，莎莎不由心生感慨。此后，她不断和身边的朋友说，如果不想在疾病来临时上演悲情戏，就需要未雨绸缪，在身体健康时早做准备。

那么，选购一款重疾险的时候，最重要的考量因素到底是什么？如果你还很年轻，身体很好，那么恭喜你，各家保险公司的重疾险产品可以按照下面的方法随意挑选，追求更高的产品性价比。

如果你的身体状况已经出现了一些问题，就只能寻找一款核保条款宽松的产品，只有先符合投保条件，才能进一步挑选产品。如果在健康告知环节发现自己有对应的情况，务必要如实选择"全部为否"还是"部分为否"，切记隐瞒真实的情况投保会损害自身的利益，不能如实告知健康状况，可能成为保险公司日后拒保的理由。

目前，不少保险公司的产品都增加了智能核保或转接人工客服的环节，已经有肿块、结节、高血压等症状，已经不符合健康告知的消费者，还是有机会通过加费投保。

其次是确定保额。以同样的一款重疾险测算，选择 20 年缴保费的形式，50 万元保额对应的年缴保费是 7775 元，如果选择 10 万元保额年缴保费只需要 1555 元。那么，重疾险保额如何选更好？先看一组来自保险公司的数据，重大疾病治疗及康复平均花费 10 万～ 20 万元，部分恶性肿瘤治疗费更高达 50 万元甚至更高。这意味着 10 万元保额或许能覆盖部分疾病的治疗费用，在预算较少的情况下可满足基本需求，但在治疗疾病之外，基本没有盈余。

再次是在确定保额的情况下，消费者通过对缴费方式和保障期限的选择决定自己能承受的保费。拉长的缴费期限（比如 20 年、30 年），增加缴费频次（月缴）、缩短保障期限都可以降低当前的缴费压力。不过，缴费期限也并非越长越好。举个例子，假设孙女士在 35 岁投保，保障期限至 70 岁，选择缴费期 30 年，那么孙女士在 60 岁之后已经退休，本可以安心养老，却还要每年再交几千元的保费，反而平添了经济压力。

此外，缩短保障期限可以明显降低保费，很多定期重疾险都设置了不同的保障期限。比如保障到 50 周岁、60 周岁、70 周岁，选择更短期的重疾险到底有意义吗？定期重疾险是"便宜没好货"吗？对于这些问题，后面将详述长期重疾险"返还"功能的真相。

1.2.2 想买重疾险太贵怎么办

终身重疾险或许有弊端，并不是说终身重疾险不好。相反，因覆盖了更长的生命周期，尤其是随着大家的年龄不断增长，重大疾病的发生概率也在不断提高。一款终身重疾险的保障力度显然要高于定期重疾险。

但前提是你不差钱，如果你想精打细算买保险，终身重疾险的价格并不那么让人亲睐。庄先生是家里的顶梁柱，今年正是而立之年，庄先生想要买一款重疾险，选择多少的保额更合适呢？庄先生测算了一款终身重疾险，同样是选择了 20 年交保费的形式，50 万元保额对应的年缴保费是 7775 元，如果选择 10 万元保额，年缴保费只需要 1555 元。

值得注意的是，降低保额有违重疾险产品设计的初衷，而缩短保障期限则是一个可以选择的方案。

在上面的案例中，庄先生如果选择保障至 60 岁，那么所交保费就可以减少一大半——他不必再为 50 万元的保额每年支付 7775 元，替代的方案是每年交保费 3285 元。这意味着，在庄先生 60 岁之前，每年用 3285 元就可以撬动 50 万元的杠杆，大大提高了保障的性价比。从重疾险收入补偿的基本功能来说，已经将其属性运用到极致。

那么，庄先生应该选择多长的保障周期？个人认为，最好是能覆盖到他退休年龄之前，此后，如果庄先生到了 35 岁、40 岁时在事业上步入了一个新的台阶，比如晋升了、跳槽了开启了新的事业，生活品质也水涨船高了，可以依照个人需求和经济实力，再选择延长保障的期限，通过加保增加保额。

若考虑通胀因素，50 万元保额在 30 年后的价值必然大大缩水，再拉长时间期限至 40 年、50 年，不考虑医疗费用的变化，即便是买营养品、贴补家用等花费不大的支出，届时能起到的效用都肯定不如更近的时间段。

个人认为，如果付出相同的保费，在保障额度 50 万元的重疾险到 60 岁和保障额度 35 万元的重疾险到 70 岁之间，消费者可以优先选择前者。

对于一款终身重疾险而言，除了"疾病"责任，也包含"身故"的责任。人总有一死，不管是否发生疾病，终身重疾险都会发生理赔。依据不同的产品设计，终身重疾险身故可以返还现金价值。

这就引出一个新话题，在不同的理赔情况下，终身重疾险和定期重疾险到底"孰优孰劣"呢？

1.2.3 "定期重疾险 + 理财"对比终身重疾险

赵晓玲和李木子是多年的闺密,剪头发要一起去一个店,买包包也要同款的,甚至连吃饭口味都差不多。可是,两人在买保险上却难得一见地出现了分歧。

在一次聚餐时,赵晓玲说想给老公买一款重疾险,赵晓玲的老公从事 IT 行业,经常出差,今年 30 岁。李木子说,我老公平时在证券公司上班,还时常加班,无暇顾及给自己买保险的事儿,正好一起买吧。两人当即找到一款某平台热销的重疾险,却在选择保障期限上有了不同意见。

在大大咧咧的赵晓玲看来,就选保终身的吧,一年 7775 元能保障一辈子,价格也能接受。平时就对理财比较上心的李木子觉得应该有更好的方案。她的策略是用较少的钱买一份同样保额、缴费期限的定期寿险,省下的钱自己可以用于投资理财,何乐而不为呢。

那么,我们设定赵家购买"终身重疾险"为 A 方案,李家购买"定期重疾险 + 理财"为 B 方案,在"定期重疾险 + 理财"对比终身重疾险的过程中,哪种方案更胜一筹呢?

具体来比较一下,李木子的老公今年也是 30 岁。所以两家的消费者年龄相同,均为年轻男性,所选重疾险、保额、交费期限完全相同——50 万元保额、20 年缴费的重疾险,由于李木子选择的是保障至 60 周岁,保费是 3285 元 / 年;赵晓玲选择的是保障期限至终身,保费是 7775 元 / 年,两者价格相差高达一倍以上。

终身重疾险对比定期重疾险方案

	赵家	李家	
方案	终身重疾险	定期重疾险（30 年）	投资理财
保费	7775 元 / 年 ×20 年 = 15.6 万元	3285 元 / 年 ×20 年 = 6.6 万元	节约资金 9 万元
59 岁前	保险理赔 50 万	保险理赔 50 万	9 万元以复利累计生息，自由支配
60 岁	保险理赔 50 万	0	假设以五年期定存利率 4.75% 计算本息为 36 万元

备注：表格内容来自于公开信息。

　　根据上表，在两家消费者 59 岁之前，都能享受到保险公司提供的 50 万元的保险保障。对于家庭资产配置而言，购买一份定期重疾险对于撬动财务杠杆效应十分明显。区别在于，赵家消费者是终身享有 50 万元保额，而李家先生则在 60 岁的时候保额归零。

　　假设两家的家庭年收入相当，为了配置这款重疾险的预算也完全相同。赵家一共需缴保费是 7775 元 / 年 ×20 年 =15.6 万元；李家一共需要缴保费 3285 元 / 年 ×20 年 =6.6 万元，李家用节约的 9 万元保费按银行的长期利率累计生息，到消费者 60 岁时，9 万元的本息可达到 39 万元，较 A 方案少了两成。也就是说，在定期重疾险到期日的时候，你的投资能力——能否用两者的保费差赚取更多的收益，决定了这两大方案的优劣。

　　从上述粗略计算的结果来看，后者的效果很可能并不比前者差。节约的保费累计生息，在此后的几个年度内，本息将很快超过 50 万元的保额并继续持续增长，而终身重疾险的保额将维持 50 万元不变。

　　一般而言，作为保障类的产品，现金价值不值得期待。不过，赵晓玲说，你看这款重疾险宣传的是，包含"身故"责任的终身重疾险"无病养老、高价返还"。如果消费者的年龄足够高时，返还的金额可以接近到保额。最终，赵晓玲坚持自己的看法，对她来说，这是一个省事儿的策略。

李木子也没有被说服。在她看来，按自己的理财风格，节约下来的9万元保费可以实现稳健的投资回报。相较赵晓玲的终身重疾险方案，自己选的定期重疾险唯一的不足就是在60岁之后的短暂几年，假如不幸在这一时期发生了重疾，由于保额归零，只能靠9万元的投资收入覆盖风险。但从本息收入来看也不比50万元少太多。

根据李木子的方案，在度过了这一阶段之后，对于定期重疾险而言，节约的保费继续留存并累计生息，就能完全覆盖年老时的重疾风险。在累计的本息足够高时还可以灵活支配，拿出一部分用于养老。但如果选择了终身重疾险方案之后，就只能在保障重疾和取现养老之间二选一了。

1.3　按需购买的碎片化重疾险

1.3.1　特定疾病保险的必要性

近年来，互联网驱动保险公司产品创新，作为传统险种的重疾险也向小额、碎片化方向探索发展。很多朋友不禁要问：在消费者已经购买了重疾险之后，还有必要再单独购买碎片化重疾险吗？

有观点认为，由于男女重疾、癌症高发的年龄不一样，可以重点关注一下针对特定的需求补充保险。此类碎片化的险种大致分为两类：一个是针对不同性别、不同年龄阶段的高发疾病，将传统重疾险拆分，如针对老年人的肝病险、针对女性的乳腺癌险、针对儿童的白血病保险等；另一类是跟随市场热点而研发的，比如，因雾霾天气引发的呼吸系统疾病，此类特殊定制的产品也应景上市。

目前，市面上此类保险多数为 1 年期产品，对应价格并不高，由于目标明确、功能单一、保单便宜，在特定群体中有较大吸引力。

以乳腺癌为例，根据国家癌症中心发布的《2017 年中国肿瘤登记年报》：对女性而言，发病率前十位恶性肿瘤中，乳腺癌以 17.07% 居首位，此后是肺癌 14.94%、结直肠癌 9.08%、胃癌 7.85%、甲状腺癌 6.63%、宫颈癌 6.16%、肝癌 5.81%、食管癌 4.93%、子宫恶性肿瘤 3.79%、卵巢癌 3.06%。虽然乳腺癌在女性发病率中位列第一，但发病率并不等于病死率。乳房的恶性肿瘤的死亡率排在肺、胃、食管、肝脏、结直肠之后，在中国女性癌症死亡率构成中排名第六位。

《中国肿瘤登记年报》显示：女性乳腺癌年龄发病率在 0 ～ 24 岁年龄段处于较低水平，25 岁后逐渐上升，50 ～ 54 岁达到高峰，55 岁以后逐渐下降。从未哺乳、从未生育、生育过晚、不健康的饮食习惯、长期服用外源性雌激素、肥胖、有直系亲属患乳腺癌等为乳腺癌高位人群。

客观来说，补充一份特定疾病保险确有必要性，不过，此类产品的弊端也十分明显。由于是一年期产品，每年都要重复投保也被消费者纷纷吐槽"太折腾"。

以某第三方保险平台上销售的一款 1 年期护胸险为例，其保障内容为

30 万元保额原发性乳腺癌（不包括原位癌），在 350 元的保费中，包含了原价 299 元的乳腺癌基金检测 1 次。

此外，该产品的投保年龄为 16 ~ 50 岁，这意味着在 50 岁之后，乳腺癌发病率的高峰阶段将不能购买。另外一款 1 年期女性疾病险价格 150 元，包含女性乳腺癌 10 万元、女性特定癌症 10 万元保障，投保年龄为 18 ~ 45 岁。

1.3.2　儿童高发白血病保险

某肿瘤医院儿童血液肿瘤病区主任医师老林的桌上，有一张画满星星和烟火的画，这是一个 8 岁的女孩子小雪送的礼物，这位患白血病的小姑娘乐观坚强，让人心疼不已。

在小雪所在的肿瘤医院病区里，有 20 多个白血病患儿，其中 70% 的都是家里装修不久。小雪的父母说，自家的新房装修好已经快两年了，乔迁当天全家都很高兴，吃了一顿大餐庆祝了一番，小雪也如愿有了自己独立的小屋。

让人没想到的是，不久后就出了这样的事儿，小雪在一次检查中被告知患上了白血病。他们怀疑是新装修的房子，找来专业机构检测后发现，甲醛超标两倍。

近年来，因家里装修而殃及小朋友的案例比比皆是。每每看到这样的新闻，在一家科技公司上班的小陈心里就直打鼓，自家的房子是装修了一年多入住的，虽然家里放上了空气净化器，但想来想去还是各种不放心，小陈决定给 3 岁的宝宝加购一款白血病重疾险。

目前，白血病保险已经成为家长们最为关注的儿童高发疾病保险之一。中国红十字基金会发布的报告称，目前中国 400 万白血病患者中，50% 是儿童，并且每年以 3 万～ 4 万的速度增长，尤其以 2 ～ 7 岁儿童居多。

人民网 2011 年 6 月报道，以前，儿童白血病是不治之症，现在治疗水平大大提高，采用化学治疗方法，大多数患儿可以救治。目前，急淋患儿通过化疗，90% 可以缓解，70% 以上可以治愈，5 年存活率达 80% 左右，低危急淋 5 年存活率高达 90% 以上。儿童白血病治愈率虽然较高，但治疗需要 3 ～ 4 年的漫长过程。

目前，白血病的治疗手段主要包括药物控制、放疗化疗以及骨髓移植，费用依次升高，以做骨髓移植为例，起价为 40 万元。化疗 3 年费用 15 万～ 30 万元，骨髓移植手术花销为 20 万～ 60 万元。医疗费中，花费最多的是感染和并发症，所需的大多是昂贵的进口药。

只是想增加一份针对白血病的保障作为一般重疾险的补充，小陈在产品选择上并没有费太大功夫。而市面上以白血病为保障疾病的一年期重疾险数量也着实不少。

根据某款白血病保险的责任约定，白血病保障额度为 50 万元，以及 A 期轻症额外赔付 5 万元，保障年龄 30 天至 17 周岁，价格是 80 元。另一款少儿百万恶性肿瘤险的保险责任较前者还多出一项，除了白血病，还包括脑神经系统恶性肿瘤，50 万元保额对应保费是 70 元。

此类一年期的儿童重疾险覆盖儿童高发疾病的种类相差不大。如果选择更长期的产品，对应每年的保费将更便宜。比如某白血病疾病保险，对白血病最高理赔额度为50万元，同时对轻症白血病还有额外30%的基本保额，相当于确诊A期轻症、白血病的情形下可以获得最高赔付65万。该产品的保险期间至消费者25周岁。如果小陈决定购买这款产品，那么需要一次性交费965元，平均下来每年的保费是43.8元。

1.3.3　轻装上阵的防癌险

肯定有读者朋友要问，如果预算实在有限，我就想保个癌症行不行？答案是可以的。

与本节所述的其他碎片化重疾险相比，防癌险保障的癌症发生率高、保障期限长，是一款能够对长期重大疾病保险形成替代的一类产品。

对于低收入家庭来说，如果想为一家之主购买重疾险，可能会买得"低不成高不就"。保额买得高了，缴保费压力太大；保额买低了吧，保障又跟不上。那么，有没有一个方案，既能够保证保额，却不是通过增加保费来实现的呢？当然有，除了上文提到的，可以适当选择保障期限相对较短的定期寿险之外，还可以给保障范围"瘦身"。

众所周知，在重疾险中，癌症是第一个包括的险种，此外还包括心脑血管疾病等几十种其他高发疾病的保险保障。重疾险的涵盖范围广，这也决定了重疾险的价格并不便宜，更高的保额、更长的保障期限，通常意味着更高的价格。

如何"瘦身",可以将疾病范围缩小至癌症,也就是将重疾险中最大的风险拎出来,通过剥离其他风险的同时有效降低保费?由此,为发生概率最大的癌症风险而设计的防癌险应运而生,这也给消费者投保重疾险增加了多元化的选择方案。

癌症的发病率较高,治疗费用也相对较高。2017 年国家卫生部数据显示,我国人均重大疾病医疗支出已超过 10 万元,恶性肿瘤平均治疗费用达到 15 万~ 50 万元。在肿瘤专科医院,自费药的比例甚至高达 90%。当家庭经济条件支撑不起一份重疾险的保费时,选择一份防癌险,至少能让自己先拥有一份"托底"的保障。

在一家家具厂上班的杨先生 30 岁,最近刚刚买了一款定期重疾险,不过,50 万元的保额似乎略显不够。要继续增加保额,保费又蹭蹭地往上走。现在杨先生的定期重疾险是 20 年缴费,每年缴费 4920 元,如果再把保额调高 10 万元,保费就要再增加一千多元。

在这种情况下,相比单纯增加重疾险的保额,通过补充一款防癌险增加保额,保费增加的幅度可以略小于前者。某公司的恶性肿瘤疾病保险是一款针对癌症的定期保险产品,假如杨先生同样选择 20 年缴费的形式,保障期限到 70 岁,10 万元的保额对应保费是 890 元。

杨先生选择用防癌险增加 30 万元保额,每年在防癌险上的投入是 2670 元。再加上此前买的定期重疾险 4920 元的年缴保费,杨先生每年在两款产品上的投入 7590 元,对于癌症风险可享受到的保额通过叠加就达到了 80 万元。

买保险就这么简单

与重疾险一样，防癌险也包含定期防癌险和终身防癌险。在保障分类上，也可以划分为轻症和癌症，且对轻症的给付比例有的可高达基本保额的50%。

防癌险的保障范围只包括最高发的重疾——癌症，也因保障"瘦身"而削减了一部分的保费，因此更适合于低收入家庭、从事化工原材料产业经常接触致癌物品的人、有癌症家族史的人、四五十岁以上的中老年人。从价格来看，患癌概率更高的人群补充购买防癌险，就能以更低的保费价格得到更大的实惠。

由于癌症存在复发的风险，多次赔付的防癌险可以切实提高产品的保障。以上述恶性肿瘤疾病保险规定为例，只要间隔期在3年以上，无论是新发、复发、持续、转移，均可以赔付癌症险，赔付的次数以3次为限。

举例，假如消费者杨先生投保成功后，在31岁不幸首次确诊甲状腺癌，3年后甲状腺癌转移，到了45岁又被确诊为前列腺癌，那么杨先生先后三次理赔累计能获得3倍保额的保险金赔付。虽然从情感角度来说，谁都不愿意这样的悲剧发生，但在保险理赔实践中，发病率最高的正是恶性肿瘤。如果加上轻症的赔付，最高可以得到3.5倍保额的保险金赔付。

除了基本的保障，上述恶性肿瘤疾病保险还有一个人性化的设计是保单豁免，不管轻重还是癌症，确诊后，杨先生就不需要再交剩下的保费了。

防癌险还有一个特点就是承保人群广。在重疾险中，由于包含心脑血管疾病，在投保时的健康告知中是包含"三高"等症状的排查。目前有三高症状的人群数量庞大，却被一篮子承保的重疾险拒之门外，让这一类人群无法为癌症风险投保。而防癌险的健康告知相对重疾险更为宽松，"三高"人群就可以绕开重疾险，通过投保防癌险来覆盖患癌的风险。

1.4　短期重疾险的亮点和隐忧

1.4.1　买一年保一年重疾保障

在寻觅了一圈重疾险之后，雯雯还没有决定下来想买的产品。雯雯目前的年收入约 20 万元，一旦患重疾，在治疗休养期间 3 ～ 5 年内，在医疗险报销医疗费用之后，要维持原先的生活水平，额外还需 60 万～ 100 万元的资金负担日常开支。因此，当务之急是用一款短期重疾险来弥补重疾险配置的缺口。

一年期重疾险较早就已经出现，通过将长期重疾险的保障期间打散至一年期，可以大大降低每年支付的保费。近年来，一些互联网公司、专业健康险公司相继推出"百万重疾险"，以更高的保额吸引了消费者的注意。

按照某款"百万重疾险"的宣传，"覆盖百种疾病、最高百万保额、最低价格仅需 71 元"一下吸引了雯雯的注意。在这家公司的官网上，雯雯找到了作为爆款推荐的重疾险。这款重疾险的产品责任显示，对应的 100 种重大疾病保险金为 50 万元。此外，若发生特定重疾可以同时领取特定重疾保险金 50 万元，若将轻症情况也考虑在内，在该方案下，最高可能获得的保险金是 110 万元。

买保险就这么简单

110 万元的保险金，对应的最低保费是 355 元 / 年，26 岁～30 岁人群的保费是 945 元，刚刚过了 30 岁门槛的雯雯需要付的保费是 1405 元。平常一件大衣的价格就能拥有一年期的 110 万元保额重疾险保障，相比同样保额下的长期重疾险产品，对雯雯来说这个决定并不难。

目前，市面上此类一年期重疾险种类较多，卖点是"高保额、低保费、保障疾病种类全"，对于普通消费者来说该怎么选更适合呢？

我们不妨来对比 A、B、C、D 几款重疾险产品。假如雯雯同样选择了 50 万元的投保方案，对应的保费最便宜的是 C 产品，价格仅为 635 元；此外，C 款产品的投保范围最大，最高 65 岁的人群可首次投保，续保年龄最高至 100 岁。

A、B 款保重疾险的价格相对较高，分别是 1250 元和 1405 元，高保费背后是保额翻倍的设置。A 款产品规定，对于 19 种严重疾病保险金的赔付翻倍至 100 万元，B 款产品是对 20 种严重疾病保险金的赔付翻倍至 100 万元。此外，两款产品还对 30 种轻症设置了 10 万元的保险金。

由此可见，一年期重疾险的保费差异主要反映在保障水平的高低上，如果是作为一款长期重疾险的补充，在预算充足的情况下当然是保额越高越好。当然，本身在互联网渠道销售、以年轻化的互联网消费者为目标客群的"百万重疾险"，最突出的优势还是价格。

不过，此类产品都是"投一年、保一年"。对刚刚踏入社会的年轻人来说，在经济实力不足，或者配置保险的意识不够的情况下，每年只需投入几百元，就能享受一百万元重疾险保障，确实是一个值得选择的消费项目。假如不选择 50 万元保额的方案，最低的保费可能低至一百元，这样的产品设计对年轻群体的吸引力还是比较大的。

当然，从重疾险的发生率来看，年轻人的患病风险相对较小，但风险小不等于没有风险，谁都怕万一。随着年龄的增长，患病风险的增长，一年期重疾险采用的是自然费率，简单理解即如果一年一年地购买，每年的保费会随着消费者的年龄增长而递增。

几款一年期重疾险产品对比

案例：31 岁女性投保 50 万保额				
产品名称	A 款	B 款	C 款	D 款	比较
投保年龄	30 天至 60 周岁	28 天至 50 周岁	30 天至 65 周岁	30 天至 60 周岁	C 产品投保年龄范围大
最高续保年龄	80 岁	85 岁	100 岁	65 岁	C 产品续保年限最长
保费	1250 元（首年优惠价 1200 元）	1405 元	635 元	900 元	C 产品保费最便宜
主险保障	70 种重疾	100 种重疾	100 种重疾	45 种重疾	B、C 产品种类最多
特定重疾	19 种严重疾病保险金 +50 万元	20 种特定重疾保险金 +50 万元	无	无	A、B 产品特定重疾保额翻倍
轻症	30 种轻症保险金 10 万元	30 种轻症保险金 10 万元	无	无	A、B 产品含轻症理赔

备注：表格内容来自于公开信息。

1.4.2　与长期重疾险的区别何在

不过，凡事都有两面性，短期重疾险既有亮点，又有隐忧。除了价格便宜，作为短期产品的重疾险购买也更为灵活，因为按年购买，消费者可以根据自身情况灵活掌握。而长期重疾险因为签订的是长期合同，保障内容都在合同中约定好了，中途想要更改比较困难。

当然，必须指出，由于保障期限只有一年，短期重疾险的等待期相对于保障期间太长，更换产品需重新计算保障期，是这类短期产品的缺陷。

首先，短期产品等待期占用相对太长的保障期间。保险产品购买都有一定的等待期，在等待期内发生疾病，保险公司可不予赔付。对于一年期的重疾险，等待期长达 90 天，实际保障的期限只有 9 个月。如果到期后停止续保，再重新购买就要重新计算等待期。这也意味着，在选定了一款一年期重疾险之后，最好是在次年继续投保。如果想要更换保险产品，就要接受增加的保障空白期。

一年期重疾险还面临着能否"续保"的隐忧。从表面上来看，保险公司在设计产品时均有最高续保年龄的规定。如 A 款产品在销售页面上显示，产品可续保至 80 周岁。

对于"曾经理赔过还可以连续投保吗"这一问题，保险公司解释称，"保险期内，如果消费者因轻度疾病发生理赔，仍可以连续投保，继续享有重大疾病保险和特定严重疾病保险保障。只要未发生过重疾理赔，可以一直续保至 80 周岁。"

从同类产品看，不乏有续保年龄高至 100 岁的情况，这给人一种"只要继续投保，短期产品就能达到长期重疾险的效果"这种错觉。众所周知，一年期健康险产品不可以在条款中规定"保证续保"，这就意味着保险公司有重新审核消费者的权利，决定能否继续承保从而控制赔付率。

那么，保险公司在条款中对于"续保"到底是怎么规定的呢？

我们以 C 款产品为例，在连续投保一项中规定，当发生四种情形之一的，本合同不再接受续保。除了消费者年龄超过 100 周岁、身故或发生过本合同约定的重大疾病理赔之外，还包括"本合同在您申请连续投保时已因其他条款所列情况而效力终止""消费者不如实告知、欺诈等其他我们认为不符合续保条件的情形"。由此来看，规定了续保年龄最高可达 100 岁不是无条件的。

雯雯提出了自己的疑惑，假如第一次投保并在等待期后，发现自己出现了健康状况异常，比如体检时被告知有甲状腺结节了，是不是需要重新健康告知并接受不再续保呢？

从目前的一年期重疾险产品宣传上看，保险公司对"续保时要不要重新健康告知"的认定是模棱两可的。

从 C 款产品公司了解到，该公司的产品是续保免健康告知。那么，哪种情况需要重新健康告知呢？这包括加保，比如 10 万元保额想提高到 50 万元保额，就需要健康告知。A 款产品公司也有类似说法，即续保是免核保的。不过，上述两家公司的销售页面均没有提及"续保免核保"或者"不因健康状况改变而拒保"的承诺。

个人认为，对于投保的关键性问题的规定，对于保险公司在条款、销售页面上没有明确的规定，可能给未来保险的理赔造成纠纷。

而相比上述两家公司，作为传统公司旗下的 B 款产品和 D 款产品，都在续保条款上做了较为清晰的规定。B 款产品的主险条款中就明确规定，续保需要公司审核。"经审核后，若我们不接受续保的，会在本主险合同保险期间届满之前通知您。"我还注意到，B 款产品公司的一年期产品关于续保的约定，只是为了下一年度保单和上年度保单将在时间上相连续，保险人不再设置等待期（此类产品等待期一般为 90 天）。

"停售不再续保"也是影响一年期重疾险续保的关键问题之一。但并非全部相关产品均对此作出明确的说明，在上述产品中，仅 B 款产品在条款中规定停售将不再续保。其他公司的产品停售后，是否会给消费者升级到其他同类产品的权利，现在还难以判断。

1.5 香港重疾险一定更好吗

1.5.1 产品设计更为复杂

香港保险近几年特别火，虽然受到外汇管制等政策的影响，内地居民赴港买保险近来出现了明显下降，但仍有不少朋友要问，听说香港保险保障功能较好，要不要到香港买一份重疾险呢？

大洋是内地一家创业公司的成员，老公是一家证券公司的员工，夫妻两人年收入为 500 万元人民币，属于高收入家庭。为了获得更好的保障和一定的收益，大洋和老公商量后，打算去香港买一份重疾险。

一次，在香港出差期间，大洋约见了一家香港保险公司代理人，在了解到大洋的基本收入和保险配置后，这位代理人向大洋推荐了一款名为"危疾加倍保"的重疾险。

与内地目前在重疾险种类上划分为"重疾"和"轻症"不同，该款香港保险危机加倍保将重疾划分为早期严重病况、严重病况和末期严重病况三大类。早期严重病况包括原位癌在内的 59 种疾病，类似于内地重疾险中的轻症；严重情况有 54 类，此外，对于末期癌症、心脏病发作等 6 类末期严重疾病进行另外划分，在当期保额基础上增加 20% 赔付。

根据该代理人介绍，香港重疾险与内地的最大区别在于保障更好。比如对于 113 种病况分类为 5 种疾病组别，包含多达 7 次保额的赔付。对于早期严重疾病的保障则划分得更为细致，分别包括原位癌 2 次赔付、冠状动脉血管形成术 2 次赔付、早期甲状腺或前列腺癌 1 次赔付、次级侵害性恶性肿瘤 1 次赔付和其他 55 种早期严重病况 1 次赔付。

大洋在听代理人介绍产品时的第一感受是——保障功能好强大。除了重疾的多次赔付，保障功能还体现在首个 10 年赠送 50% 的保额，这在内地保单中是绝无仅有的。不仅如此，该代理人给大洋做了一份投保建议书，总保额显示为"基本保额 + 赠送保额 + 非保证特别红利"，除了消费者投保第 11 年至第 20 多年的时间里，由于赠送保额失效，总保额显示低于最初保额，在过了这一阶段之后，保额开始一路上升。

一般而言，随着时间推移，保额的价值会由于通胀缩水，但据该代理人所说，这是一款保额会涨的重疾险，由于具有分红功能，可以在一定程度上抵御通胀的风险。

听完介绍，大洋觉得产品不错，就是产品的设计较为复杂，让她有点吃不准了。

目前，内地较为普遍的重疾险产品保障功能到底怎么样？从性价比来看，香港保险一定更好吗？我们可以与一款国内热销的互联网重疾险对比，看两者的本质区别到底在哪些方面。

1.5.2　香港保险的优劣到底在哪儿

如果以内地某重疾险 ×1 号作为对比，同样选择 20 年缴费、初始保额 50 万元人民币终身重疾险方案。两者的差异到底体现在哪里呢？

香港某保险公司危机加倍保利益演示

保单年度总结	缴付保费总额	退保价值			身故保障/严重疾病保障			
		保证金额 (A)	非保证特别红利 (B)	总额 (A)+(B)	保证金额		非保证特别红利 (E)	总额 (C)+(D)+(E)
					守护健康危疾加倍保 (C)	额外危疾加倍保 (D)		
1	1,479	0	0	0	50,000	25,000	0	75,000
2	2,958	0	0	0	50,000	25,000	0	75,000
3	4,437	79	0	79	50,000	25,000	0	75,000
4	5,916	206	0	206	50,000	25,000	0	75,000
5	7,395	389	187	576	50,000	25,000	786	75,786
6	8,874	618	308	926	50,000	25,000	787	75,787
7	10,353	905	514	1,419	50,000	25,000	899	75,899
8	11,832	1,235	801	2,036	50,000	25,000	949	75,949
9	13,311	1,627	1,189	2,816	50,000	25,000	1,189	76,189
10	14,790	2,060	1,717	3,777	50,000	25,000	1,717	76,717
11	16,269	2,556	2,399	4,955	50,000	0	15,086	65,086
12	17,748	3,090	3,081	6,171	50,000	0	17,021	67,021
13	19,227	4,017	3,751	7,768	50,000	0	18,032	68,032
14	20,706	5,046	4,558	9,604	50,000	0	19,073	69,073
15	22,185	6,179	5,562	11,741	50,000	0	20,079	70,079
16	23,664	7,414	6,755	14,169	50,000	0	20,980	70,980
17	25,143	8,755	8,431	17,186	50,000	0	22,423	72,423
18	26,622	10,196	10,287	20,483	50,000	0	23,381	73,381
19	28,101	11,741	12,102	23,843	50,000	0	23,408	73,408
20	29,580	13,388	14,296	27,684	50,000	0	23,436	73,436
25	29,580	18,538	23,394	41,932	50,000	0	35,179	85,179
30	29,580	19,567	36,618	56,185	50,000	0	48,566	98,566
@ANB 66岁	29,580	20,392	51,111	71,503	50,000	0	62,868	112,868
@ANB 71岁	29,580	21,422	75,850	97,272	50,000	0	89,657	139,657

3. 基本计划 - 说明摘要（货币：美元）

首先，内地的重疾险保额都是恒定的，买的是 50 万元保额的就是 50 万元保额，而香港的重疾险大部分有分红功能，也可以理解为用分红来买保额。从保额来看，代理人给大洋做的香港危疾加倍保是 5 万美元基本保额，头 10 年赠送 50% 保额后，保额为 51 万元人民币，和内地重疾险 ×1 号基本保额相同。

在 10 年后保额恢复成 5 万美元基本保额，折合人民币约为 34 万元，这一阶段发生在大洋 41 岁之后。不过，从该产品所列的保额增加部分即非保证特别红利来看，此后的时间里该产品的非保证特别红利快速增长。叠加基本保额后，在大洋 50 岁时能恢复为 7.3 万美元，折合人民币为 50 万元左右（根据汇率变化会有浮动，下同）。

此后，随着非保证特别红利的快速增长，在大洋 60 岁时保额显示能达到 9.8 万美元，折合人民币为 66 万元左右。71 岁时能达到 13.9 万美元，折合人民币为 95 万元左右。

值得注意的是，上述保额是保险公司预期的，如果保险公司效益好，可能保额还会提升，反之保额也可能达不到上述水平。红利到底能分到多少，这主要决定于保险公司以后的投资收益水平，而利益演示也仅是作为参考。

就香港保单的红利分配问题，内地监管部门此前还专门发布过"风险提示"，香港保险市场化程度较高，未对红利演示作出明确要求，大多数产品通常采用 6% 以上的投资收益率进行分红演示。

但分红本身属于非保证收益，具有较大的不确定性。反观内地保险产品，遵照监管要求，按照低、中、高三档演示红利水平，演示利率上限分别为 3%、4.5% 和 6%。

买保险就这么简单

正如上述代理人所言，保额会涨的重疾险可以在一定程度上抵御通胀，不过保额到底能涨多少，消费者还需理性衡量。

无论是重疾还是轻症，香港危疾加倍保在疾病分组、赔付方式上的设计看起来都更能打动人心。对比内地重疾险 ×1 号实质性差异会有多大呢？

如上所述，香港危疾加倍保在"轻症"上的理赔多达 N 次，不过，从内地重疾险 ×1 号的轻症赔付来看，对于 35 种轻症的不分组赔付次数也多达 3 次，均为基本保额的 25%。

在重症保障上，香港危疾加倍保在"重症"的理赔次数多达 7 次，在次数上完胜内地重疾险 ×1 号；不过，值得注意的是，内地重疾险 ×1 号有一个具有吸引力的保额设计规则，即发生一次轻症可以增加 10% 的保额，最多赔付一次重疾的保额可达到 65 万元。

在这种情况下，香港保险和内地保险到底哪个能赔付更多就因情况而异了。

比如在发生一次重大疾病的情况下，内地重疾险 ×1 号完胜香港危疾加倍保，保额最多可达后者的两倍（如果疾病发生时间刚好过了 40 岁）；不过，在发生两次及以上重大疾病的情况下，后者保障完胜。极端的案例显示，一些癌症患者在确诊三年后再发生其他癌症，单次的重疾险赔付就失去了继续享受保障的机会。个人认为，对于重疾的发生概率，无法以预估的情况作为猜想的依据，选择保单次的还是保多次的，都要依据个体的实际情况来判断，两种选择都有其合理性。

在重疾的划分上，香港重疾险的一大劣势是将赔付率较高的甲状腺癌剔除出重症赔付范围，对于早期甲状腺癌仅能赔付保额的 25%。而在内地的重疾险中，甲状腺癌目前均可以获得 100% 的赔付。

甲状腺癌发病率高，早期发现的治愈率也很高，手术后很快就能重返工作岗位。从癌症定义来看，内地和香港并无差异，有数据显示，甲状腺癌在内地的赔付率能占到总数的一半。香港重疾险把甲状腺癌剔除出重症范围，在重大疾病赔付上相当于打了一个折扣。

再次，从身故赔偿来看，香港危疾加倍保的优势凸显，相对于内地重疾险 ×1 号身故返还现金价值，前者是规定身故返还保额。而这款内地重疾险 ×1 号仅在消费者的生存时间足够长的情况下，返还的现金价值金额才能接近保额。

不过，从保费来看，内地重疾险 ×1 要比香港危疾加倍保便宜三成多。前者年缴保费是 6805 元 / 年，后者年缴保费是 10057 元 / 年。

这意味着，如果消费者选择了内地重疾险 ×1，还有足够的预算购买一款定期寿险，在一定期限内享受身故的保险金赔付。以某款定期寿险为例，若大洋选择保障至 70 岁的定期寿险，交费期限在 20 年，50 万保额对应 2000 元 / 年的保费。加上定期寿险的价格，内地重疾险 ×1 仍然有优势。

在"疾病"和"身故"两种保障责任之外，消费者还有退保的选择权，比如在年龄达到一定阶段，身体状况又比较好，希望取出现金用于养老补充时。对比发现，在内地重疾险 ×1 号产品中，消费者 89 岁现金价值为

买保险就这么简单

34 万元人民币；在香港危疾加倍保产品中，消费者 86 岁后的保证现金价值为 5 万美元，约折合 34 万元人民币，两者相差不大。

除了上述产品的差异，香港保险的免体检保额较高。在内地买保险，成人免体检保额一般最高是 50 万元，对于普通家庭投保而言，这个保额基本可以满足需求。但对于高净值人群而言，可能这个额度并不够用。在香港，40 岁以下的成年人投保，免体检的保额上限是 45 万美元，约折合人民币 306 万元。

事实上，目前内地设计为多次赔付的终身重疾险也不少，综合对比来看，港险的主要优势在于分红部分补充保额、重疾分组赔付次数多、免体检保额高；而内地重疾险保额恒定，在挤掉港险因不确定的分红获得的保额之后，在价格上更具优势，还包括重疾赔付设计为不分组的产品。

香港保险 PK 内地保险

案例：31 岁女性 20 年交保终身			
	内地某重疾险 ×1 号	香港某危疾加倍保	备注
基本保额	50 万元人民币	首 10 年赠送 50% 保额：5 万美元 × 1.5= 约 51 万元人民币 10 年后：5 万美元 = 约 34 万元人民币 + 非保证特别红利	香港危疾加倍保额浮动
重疾理赔	80 种赔付 50 万元人民币 发生一次轻症赔付 55 万元人民币 发生两次轻症赔付 60 万元人民币 发生三次轻症赔付 65 万元人民币	41 岁前 51 万元人民币，41 岁后 34 万元人民币 + 非保证特别红利 癌症赔付三次（三年间隔） 心脏重症 + 神经重症 + 主要器官 + 其他各一次 末期重症增加 20%	香港危疾加倍保重症赔付次数最多可达 7 次；单次最高赔偿额前者略高

续表

案例：31 岁女性 20 年交保终身			
	内地某重疾险 ×1 号	香港某危疾加倍保	备注
轻症	35 种不分组赔付 12.5 万元人民币 ×3	原位癌 ×2+ 冠状动脉手术 ×2+ 早期甲状腺或早期前列腺癌 + 次级侵害恶性肿瘤保额 25% 其他轻症 20%	香港危疾加倍保轻症赔付多次
现金价值	89 岁现金价值约 34 万元人民币	86 岁后保证金额 5 万美元 = 约 34 万元人民币	内地重疾险在价格更低基础上现金价值相差不大
身故赔偿	现金价值	保额	香港危疾加倍保明显占优
保费	6805 元人民币 / 年	1479 美元 / 年 ≈ 10057 元人民币 / 年	内地重疾险在低三成多

备注：汇率按 1 美元 ≈ 6.8 元人民币换算 表格内容来自于公开信息。

该代理人还告诉大洋，现在拥有一份香港保单与内地保单在便利性上差别不大，消费者可以在 APP 上自行操作，进行续保和理赔。由于用美元投保、赔付，相当于消费者拥有美元资产，如果以后小孩要留学、移民，或者单纯作为资产配置都非常有用。尤其是在人民币下跌时期，内地人来港买保险有一定的吸引力。

上述代理人还提到港险的一大优势：即香港保险公司采取"严进宽出"原则，在核保时严格、理赔时更容易。

不过，除了优点，肯定还得想想在香港买保险有哪些劣势？或者代理人还有哪些信息没告诉你呢？

内地的重疾险适用的是"如实告知原则"，消费者在投保时需要仔细阅读保险公司的健康告知，只要没有健康告知上列示的情况，保险公司就不得拒赔或者解除合同，更加有利于保护消费者权益。而香港保险适用的是"最高诚信原则"，比如当你被问询"在过去五年内，你曾否遭遇意外或疾病，而没有在上述提及"时，消费者必须将已知或者应当知道的重要事实均应告知保险公司，这意味着什么？假如在消费者申请理赔时，保险公司认为投保人当时未披露有关重要事实，可能会拒赔或者撤销保单。这些"重要事实"，是由保险公司来最终判定的。而一旦发生拒赔维权，保单适用于香港地区法律，香港律师费用高昂，若陷入持久的纠纷或诉讼状态，消费者可能面临不菲的诉讼费用。

由此可见，香港重疾险并不一定比内地同类产品更好，而是各具特点。大洋经过反复对比香港保险和内地产品的各种优劣之后，她最终放弃了购买香港保险的打算。

通过大洋的案例，相信读者朋友对香港和内地保险产品的异同点有了一个初步了解，如果有这种需求，务必多加思考，综合衡量两地的产品条款和法律规定的差异之后再做打算。

第 2 章

医疗险

近年来，随着医疗水平的提高，医疗费用也水涨船高，为此，有人说，不怕穷，就怕病。网上有关"辛辛苦苦几十年，一病回到解放前"的段子不少。

这些现象的出现，归根结底，还是担心生病后没钱治。说得具体一点，如果一个普通家庭万一有人不幸生病住院或者罹患慢性病，需要长期治疗产生巨额费用，将是一个沉重的负担。倘若家庭资产不足以填补医疗费用的缺口，那么将会导致家庭生活失去保障，甚至背负大量债务。

本章主要内容包括：
➤ 补充医疗保险的普及和推广
➤ 如何用医保个人账户购买商业医疗险
➤ 中端医疗险日渐崛起
➤ 老年人适合买哪些医疗险
➤ 高昂的高端医疗险

与第 1 章所述的重疾险相比，医疗险有两大不同。其一，报销机制不同，医疗险是报销型，看病就医凭发票报销，而重疾险是定额给付型，一旦达到条款约定的理赔条件就赔付；其二，核心功能不同，医疗险是补偿患者合理且必要的医疗费用，重疾险是弥补患者就医期间的其他收入损失。

医疗险遵循损失补偿原则，当保险事故发生时，消费者从保险公司所得到的赔偿应正好填补消费者的损失，不能通过出险来额外获利。在财力范围内，重疾险倡导的是尽量买更高的保额，但医疗险是实报实销，所以没有必要购买多份，只要保额能覆盖自己的风险即可，过分追求高保额会造成经济浪费。

与重疾险相比，目前市面上的医疗险产品种类较为有限。但即便是已经拥有医保的群体，购买商业保险补充保障已经成为共识；对于没有医保的人群来说，拥有一款基本的医疗险尤为必要。

本章第 1 节从一款赠送的医疗险说起。随着医疗险的重要性逐渐为公众所认知，无论是补充基本医疗缺口，还是补充高端医疗，都有巨大的市场需求。在政策鼓励下，保险公司与第三方机构合作，探索如何更好地提高社保个人账户使用率，是第 2 节的重点。

作为健康险领域最大的创新产品之一，"百万医疗险"是难以回避的话题。该产品以"高保额、低保费"的特点在中端医疗险开辟出一片天地。

在第 3 节中，我们会解析目前市面上畅销的几款百万医疗险，到底是否值得购买。

关于"保证续保"问题的质疑，以及非条款列式的承诺到底是否可信，保险消费者需要理性对待。而对于健康状况可能已出现问题的中老年人，无法购买保险始终是一大痛点，好消息是，保险公司已瞄准这一需求开发出相关的短期医疗险产品，第 4 节介绍的就是"三高"人群能买的高端医疗险，这些产品具有保额高、理赔条件低、服务到位等特点。第 5 节讲述的是高端医疗险到底包含哪些保障，在理赔时要关注什么问题，哪些人群值得关注。

2.1 补充医疗保险的普及和推广

2.1.1 可"变现"的赠险

医疗险是我们日常生活中使用频率最高的保险之一，也是与老百姓最贴近的险种。一般而言，医疗险保障范围广，平时遇到的大病小病都可以用它报销，门诊或者住院也都由相应的医疗险来保障。

此外，绝大部分医疗险是属于报销型，发生治疗费用后凭发票报销，在保障期内可能反反复复多次跟保险公司打交道，这一点不像重疾险是确诊给付型——保险公司分一次或多次赔付保额，然后保障就结束了。

从医疗费用的高低划分，医疗险一般可以分为门诊医疗和住院医疗。门诊医疗费用相对较低，能满足无社保人群的报销需求；住院医疗一般需

买保险就这么简单

要花费的金额较高，对个人及家庭生活会产生较大影响，无论是否已有社保，都可以作为医疗保障的必选项。

可能有朋友会问，对于已经购买了重疾险的消费者来说，还有必要再搭配购买一款医疗险吗？我的答案是：有必要。

以年收入 20 万元的人群为例，一旦患上重疾，治疗休养期间 3 ～ 5 年内，如果有医疗险覆盖医疗费用的支出，重疾险一次性理赔的保险金就可以用于医疗费用之外的花费了。

显而易见，如果医疗险搭配重疾险，消费者面对重大疾病时将会更加从容，当然，是否需要二者结合，还得看个人的经济实力。在保险的营销案例中，一些保额低、发生概率小的保险产品经常会被当作赠险，最常见的是航空意外险。能免费获得一份保障自然是好事，体验过的消费者数量也不少。"医食住行"是基本的生活需求，医疗险也能免费领取了，对消费者而言是一件好事。

小商户赖女士最近发现，她日常使用的支付工具上多了一项报销金额度，目前已经累计至百元，实时理赔动态显示，已经有不少人通过报销将这些额度"变现"了。

按照该支付工具制定的规则，这款针对小商户的"多付多保"约定，开通该功能首先能获得 10 元的报销金额度，此后每笔 2 元，每天最多可免费获得 10 笔，以此计算，小商户在一个月时间里最多可以拿到 600 元的保额。

只要把门诊病历和发票拍照上传到"多收多保"，就可以快速报销挂号费、检查费、医药费，每次最高可报销 200 元。不过，为了提高目标消费者黏性，该赠险是从首笔领取时间往后推算半年为保障期间，累积的报销金额度在过期后将清零。

对于该保险的提供方而言，为消费者支付保费必然有其商业目的，而要想薅到羊毛，消费者也得遵守游戏规则。

如今，"出门只带手机、不带钱包"成为无数消费者的日常习惯，随着移动支付行业的快速发展，用二维码收款在小商户中已经非常普及。对于无社保的小商户而言，在日常收款的同时，还能累计一笔医保报销金，这种形态的赠险还是值得拥有的，大众接受度也比较高。从这个小案例中，可以看出，补充医疗保险应该有较大的发展空间。

在体验了上面的医疗险之后，赖女士感觉报销的额度比较有限，于是自己找了一家第三方网站来搜索筛选医疗险。

以一家第三方平台上销售的一款门急诊医疗险为例，每年 399 元的保费可享受年保额 3000 元，每次赔付不超过 500 元。不过，该产品还设定了 100 元的单次免赔额，由于赖女士没有社保，赔付的比例是 70%。

等待期后，某天赖女士意外扭伤脚踝，在某三甲医院拍片、购药各种费用 800 元，可以获得保险赔付 800 元 ×70%－100 元 =460 元，自费的部分是 340 元。

这款意外险除了门急诊医疗之外，保障范围还包括意外身故、意外住院和意外住院津贴。其中，意外身故保额是 10 万元，意外住院津贴 50元 / 天。

为了增加保障范围，赖女士给自己 5 岁的儿子小明也投保了一份少儿门诊险，保费 820 元。保障包含意外伤害身故伤残保险金 20 万元，疾病门诊医疗保险金 5000 元，疾病住院医疗 1 万元，意外门诊及住院 1 万元。

在 90 天等待期后，假设某一天小明发烧，此后前往当地一家三甲医院就诊，诊断为上呼吸道感染，在医院连续治疗 3 天后痊愈，期间共花费 600 元，扣除免赔额 100 元后，剩余金额由保险公司全部报销。

2.1.2 有效补充医保缺口

近年来，健康险发展速度较快，但从保险公司的角度而言，更多的目的是在发展重大疾病保险，究其根本，主要是在目前国内的医疗系统中，作为付费方的商业保险公司并不掌握实际话语权，无法有效控制医疗费用支出。相对而言，一次性赔付的重疾险只需要掌握各类疾病发病率，就能较好地掌控风险，以保证合理定价、稳定续保，确保盈利。

当前，相对于种类繁多的重疾险，市面上的医疗险数量仍然较少，推广力度也十分有限。为何出现这一情况？在保险业内人士看来，目前阶段，医疗险还存在"盈利难"的现实问题。

目前，中国的商业健康险公司市场规模相对于产险、寿险依然很小，除去重疾险仅余千亿级别的保费规模，相对于当前中国每年 3 万亿～4 万亿元的医疗支出，无法产生规模效益。而商业健康险本身就是一个微利行业，这使得保险公司研发此类产品的意愿不足。即使像美国联合健康险公司，保费做到千亿美元以上规模，能够有效分摊成本，但其综合赔付率也在 90% 以上。

从产品需求端来看，医疗险能有效补充医保缺口，具备较大的发展潜力。根据艾瑞咨询发布的《2017 年中国商业健康险行业研究报告》，中国基本医疗保险覆盖范围广，但保障内容有限，对于非疾病治疗项目、特定治疗项目、药品、诊疗设备医用材料不予保障，如孕期检查中的唐筛、口腔种植、修复、进口药品等。

另外，医保报销额度有限，且下有门槛、上有最高额。2016 年国家推行大病险后，医保报销额度最高可到 30 万元。

据《新华财经》2015 年 5 月报道，在用药部分，社保只能报销《社保药品目录》中的药品，其中甲类药品 100% 可报销，乙类药品需自付 10%，未列入该《目录》的新药及一些进口的昂贵药品则不能报销。

而一旦不幸罹患重大疾病，很多时候不得不使用新药及进口药，大病患者在治疗过程中可能需要的进口器械、特殊诊疗项目等，也无法通过基本医保获得报销和补偿。而且，除了直接的医疗费用，营养费、护理费等都不可以通过社保获得补偿。

此外，医保报销额度有最高额的限制，除了能补充基本医保，医疗险还能补充高端需求。《2017 年中国商业健康险行业研究报告》还指出，基本医保以较高的赔付比例（以城镇职工为例，住院报销比例 85% ～ 97% 之间）提供相对优惠就医价格。

另外，居民在就医时，面临的限制和问题较多，如只能在公立医院和少部分民营医院就医，排队时间长，问诊时间短且形式单一，有一定病房佣金等。高收入人群在就医时，对医疗服务的价格敏感度较低，其需求更多的是在于高效且高质的医疗服务、舒适的就医环境上。

因此，基本医保与高端人群的需求并不匹配，通过商业医疗险可以有效弥补这一市场缺口。

随着"百万医疗险"的兴起、税优健康险对市场的教育持续发酵，可以看到的是，医疗险增速已经明显优于健康险的整体增速，显示出较大的增长潜力。就产品而言，以"百万医疗险"为代表的中端医疗险不断拓宽保障范围、突破社保报销范围的限制，不断提高几十万上百万元的总报销额度，丰富了市场上医疗险的产品体系。

2.2 如何用医保个人账户购买商业医疗险

2.2.1 社保卡里的钱"躺着睡大觉"太可惜

在日常生活中，有的民众身体很好，平时较少看病，自然也就很少用医保卡，无奈之下，卡里的余额只能躺着"睡大觉"。好消息是，如今这种情况有了新的选择。

新华网 2018 年 4 月报道，20 世纪 90 年代，我国建立了统筹基金和个人账户相结合的职工基本医保制度，个人缴纳的医保费及企业缴纳医保费的一部分纳入职工医保个人账户，用于支付职工门诊及住院自付费用。

目前，我国社会基本医保已覆盖 13 亿人，覆盖率超过 95%，但在实际运作当中，医保个人账户资金并未能得到充分合理的利用，风险共济功能发挥不足。相关数据显示，截至 2016 年底，我国城镇职工基本医保个人账户累积 5200 亿元，年增速高达 20%。

为了更好地利用医保个人账户资金，全国十多个省、自治区、直辖市、几十个地市相继出台医保个人账户余额可购买商业保险的鼓励政策，包括沈阳、浙江、上海、福建、广东、山东、深圳等省市。比如沈阳市人社局与沈阳市财政局曾联合发文，规定沈阳市城镇职工基本医疗保险个人账户结余的 50% 部分可用于为本人或者直系亲属家人购买商业健康保险。不过，也有其他地区规定，医保个人账户持有者仅限为本人购买。

目前，医保账户资金可购买的商业险种主要包括两大类：一类是住院自费费用补偿医疗保险；另一类为改进型重大疾病保险，保额在 10 万～ 20 万元之间。据了解，未来医保账户资金还可能会拓展至商业长期护理保险等新领域。

对于大部分人而言，可能对于社保都不太熟悉，就更无法接受商业保险了。不过一些保险公司已经与第三方平台展开合作，推出了购买体验更为顺畅的个账健康险产品。比如上述面向沈阳市城镇职工的产品："消费者在购买前免健康告知、免体检，几秒内实现自动核保；购买支付时无须像传统个人账户产品销售那样一定要线下刷社保卡，支持线上支付，自动续保。"

不过，由于各地的推行进度不同，目前能用到第三方合作的方式，且能顺利购买到个人账户健康险产品的地区暂时不多。

据《券商中国》2018 年 4 月报道，沈阳市城镇职工通过手机钱包"保险服务"就能购买到个人账户健康险产品。在点击底部菜单栏"发现"后，查看"我的社保"，可以进行社保查询或用社保卡余额购买保险。上述平台向沈阳市城镇职工的首款个账产品为医疗险，价格最低 126 元 / 年，保障方面有最高 200 万元的保额，0 免赔额，不限社保目录。

由于既往病史和就医情况在医保里有记录，消费者在购买时也无须告知健康状况，如果近期患过大病、属于高风险人群，不符合商业保险的购买条件，系统会提示"无法购买"。在理赔流程上，在授权情况下，保险公司可通过互联网获知患者的状况自动理赔，无须消费者申请也不需要自助上传资料即可获得赔款，目前支持沈阳市内二、三级医院。

上述用个人账户在线上购买商业医疗险的案例，预计未来有望陆续在其他地区落地。不过，具体的产品和保费还要看保险公司如何设定。

2.2.2　谨防陷入销售套路

根据某地区政府印发的《关于职工自愿使用医保个人账户历年结余资金购买商业医疗保险有关事项的通知》，自 2017 年开始，该地区职工基本医疗保险的参保人已可按照自愿原则，使用职工医保个人账户历年结余资金，为本人向保险公司申请购买商业医疗保险专属产品。

得知这一利好消息后，当地市民周女士动了心。周女士夫妻二人都是一家国企的普通职工，共同承担房贷，生活压力较大，担心以后看病时花费较大，考虑到他们医保账户里的钱闲着也是闲着，充分利用起来何乐而不为呢？

按照规定，所有符合投保要求的参保人可通过上述经办保险公司的保险代理人、营业网点柜面，或相关网络渠道，确认本人投保意愿并办理相关手续后，申请投保。相关经办保险公司将根据产品投保规则、个人信息等内容进行审核确认后，按程序办理出单手续。

在看到电视新闻有关执行政策后，周女士萌生了为自己购买个人账户健康险产品的想法。此后她了解到，当地某大型寿险公司就符合经营职工医保个人账户购买商业医疗保险业务的要求。于是，周女士拨打了该公司的官网电话，想进一步咨询购买。

在表达了购买意愿后，保险公司客服人员表示，将为周女士安排当地了解该业务的人士，稍后与周女士联系。在等待了数分钟后，一位自称该公司"金牌代理人"的营销人员李先生打进了周女士的电话。不过，令周女士倍感失望的是，李先生却直言，虽然目前在政策上有宣传，这款个人账户健康险产品也已经有了首单，但并不推荐消费者购买。

根据该公司的"住院自费费用补偿医疗保险"规定，可对消费者在上述地区医保定点公立医院普通病房或质子、重离子医院住院治疗期间，所发生的合理且必需的自费部分医疗费用支出，按 50% 的比例进行赔付，该产品保额为 10 万元。

"低保费、高保障"是这款产品的最大特色。这不仅体现为产品的保费大幅低于市场同类产品，还在投保及续保年龄的设置上也有很大的突破。"住院自费费用补偿医疗保"的投保年龄范围规定为 16 周岁（含）至 65 周岁（含）。但对于政策实施之日已满 66 周岁（含）的人群，需在政策实施初期投保，可以不受前述投保年龄范围限制。而商业医疗险投保年龄几乎不可能这样设计。

买保险就这么简单

但与预想中的投保流程不同的是，李先生将产品的劣势对周女士做了详细分析。

首先，医保卡项目专属产品的性质是消费型保险，虽然每年投保的保费不多，但受限于赔付比例和金额的限制，产品的实际意义很有限。比如保额仅 10 万元，累计赔付以 20 万元为限。

从费率来看，这款产品的保障期限只有一年，产品采用的是自然费率。所谓自然费率，简单来说就是年龄越大，在个人的医保卡中扣费的金额会越来越高。具体来看，35 岁的周女士首次投保的保费是 436 元 / 年，在她 56 岁续保时年交保费将达到千元以上，76 岁之后年交保费将升至5228 元 / 年。

个人账户健康险首次投保和续保时各年龄段保费表（10 万元保额）

年龄	首次投保保费（元/年）	续保保费（元/年）
35 周岁以下	439	395
36 至 45 周岁	585	527
46 至 55 周岁	813	732
56 至 65 周岁	1300	1170
66 至 75 周岁	2816	2534
76 周岁以上	5809	5228

备注：表格内容来自于公开信息。

在阐述完这款个人账户健康险产品的"不足"后，李先生便向周女士推荐了长期重疾险这一险种，此后通过微信的进一步沟通，其重点推荐了一款年交保费不算太高的防癌险。

本来是打算不用交保费，结果还是要花钱买一份保障。不过，周女士感觉，李先生给出的第二方案的确是要比这款个人账户健康险产品保障功能更好，最终在李先生的推荐下自掏腰包购买了一款商业健康险。

个人认为，用医保个人账户购买商业医疗险，这种看起来"不错"的保险方案在实际操作中，尤其是代理人渠道中成为获客的一种方式。无论最终是否购买到了合适的保障，一个不容否认的事实是，消费者在咨询购买的过程中很容易陷入保险代理人的销售套路。

究其根本，不同于线上购买方式简单、快捷的特点，线下购买方式与代理人的根本利益相悖。对于这种短期医疗险而言，保险公司在应对政策的同时，没有动力进一步推动销售，在政策宣导时，更多将其视为帮助代理人获客的手段之一。

2.3 中端医疗险日渐崛起

2.3.1 日趋同质化的百万医疗险

2016 年以来，百万医疗险以"网红保险"姿态打入中端医疗市场，激发了消费者的潜在需求。与传统的健康险产品相比，互联网化的"百万医疗险"的碎片化特征较为明显。尤其是对于年轻的消费群体而言，一款"百万医疗险"的年交保费只需要几百元，因此，低门槛的"百万医疗险"获得了较高的市场接受度。

虽然市面上的同类产品大多被冠以"百万医疗"的称号，但从具体保

买保险就这么简单

额来看，不同产品的保额从 100 万元到 600 万元不等。一般而言，百万医疗险的理赔情况分为一般医疗和重大疾病或者恶性肿瘤。

最近，一位年轻白领静静在朋友圈看到好几款百万医疗险的产品推介。静静一一点开产品介绍，并按照自己的年龄测算，感觉无论是保额还是保费，整体差别都不大。

具体来看，A 公司产品的年度保额可分为 100 万元和 300 万元两种，有社保的消费者如果选择 100 万元年度保额（一般医疗保险金 100 万元，恶性肿瘤医疗保险金 100 万元），保费为 392 元 / 年。B 公司产品的一般医疗保险金为 300 万元，100 种重疾医疗保险金为 600 万元，有社保的消费者保费为 372 元 / 年。C 公司百万医疗险的一般医疗保险和恶性肿瘤医疗保险金保额各 100 万元，有社保的消费者保费为 349 元 / 年。

除了保额设计在百万元以上，上述几款市面上热销的百万医疗险的共同点还有：免赔额大多规定为 1 万元，就医需要在二级或二级以上公立医院普通部，药品报销不限社保用药，产品等待期是 30 天。由于产品设置较为同质化，要从中挑选一款产品，静静感觉无从下手。事实上，在竞争趋于红海的百万医疗险市场，为了提高消费者黏性，各家保险公司还展开了服务的比拼。

一些百万医疗险推出重疾住院押金垫付服务。如 C 产品规定，当消费者初次诊断罹患 100 种重大疾病时，在住院之日起 5 日内申请重疾住院押金垫付服务，可在全国 36 个城市 526 家三甲医院享受住院押金垫付服务，并承诺自申请垫付之日起 2 个工作日内完成。消费者可选择在 500 多家网络医院就医，治疗费用由保险公司直接与医院结算，无须垫付再报销。

而 B 产品则设有重大疾病绿色通道，为重疾患者提供全国著名三甲医院的就医安排服务，门诊挂号 5 个工作日内，住院条开具之日起 10 个工作日内安排床位，且费用全免。

个人认为，与重疾险不同，消费者在购买医疗险后可能涉及医疗服务问题。如果推出百万医疗险的保险公司是传统的线下公司，尤其是在医疗领域上早有布局的传统寿险、专业健康险，在后续服务方面上将享有更大优势。

此外，一些保险公司在产品设计上也尽可能增加附加价值，力争在竞争中更具优势。比如，A 产品在保障内容上给消费者提供了更多选项，增加了质子重离子医疗保险金，在保险期间内，消费者在等待期后经医疗诊断初次罹患恶性肿瘤，并于保险人指定的特定医疗机构进行质子重离子治疗的，100 万元保额可享 0 免赔，床位费限 1500 元 / 天。

一些宣传资料显示，质子、重离子治疗是国际公认的放疗尖端技术，是目前癌症的最佳治疗方法之一。不过，也有业内人士对此提出质疑，认为并不是每个人都适合质子、重离子治疗，海外的医院还会严格挑选患者，所以并不是有钱且愿意花钱就能最终得到治疗的。对于此类附加的保障，消费者也需理性看待。

个人认为，百万医疗险可谓是百花齐放，单纯比价的购买策略并不可取，原因有两点：一是产品价格本来就不高，各家机构为了抢夺市场争相压低保费，提供相关服务也会占用成本费用；二是一些公司虽然表面上看起来价格低廉，但在产品设计上存在问题，比如一款在银保渠道畅销的百万医疗险产品规定，特殊门诊不报肿瘤靶向疗法、免疫疗法、内分泌疗法，而据了解，此类治疗方法对癌症的很多分型都有着不俗的疗效，但价格高昂，一般来说医保不报销或者报销的比例极低。

几款百万医疗险产品对比

案例 31 岁女性投保（有社保）			
A 产品	B 产品	C 产品	D 产品
投保年龄			
30 天至 60 周岁	28 天至 60 周岁	0 至 60 周岁	28 天至 60 周岁
最高续保年龄			
80 岁	99 岁	100 岁	80 岁
保险金额			
一般医疗保险金 300 万元、恶性肿瘤医疗保险金 300 万元	一般医疗保险金 300 万元、恶性肿瘤医疗保险金 300 万元	100 种重大疾病医疗保险金 600 万元、一般疾病及意外医疗保险金 300 万元	一般医疗 / 恶性肿瘤 100 万元
免赔额			
1 万元（一般医疗保险金）	1 万元	1 万元（一般疾病及意外医疗）	1 万元（确诊恶性肿瘤后发生的医疗费用无免赔额）
保障范围			
住院医疗、特殊门诊医疗费用、门诊手术医疗费用、住院前后门急诊医疗费用	住院医疗、指定门诊医疗、住院前后门诊急诊费用	住院医疗、特殊门诊医疗费用、门诊手术医疗费用、住院前后门急诊医疗费用、质子、重离子医疗费用	住院诊疗、住院检查检验、特殊门诊、门诊手术、住院前后门急诊、恶性肿瘤、床位费、住院膳食费、护理费、重症监护室、救护车
医院范围			
二级或二级以上公立医院普通部	二级或二级以上公立医院普通部	二级或二级以上公立医院普通部	二级或二级以上公立医院普通部
赔付比例			
100%	100%	100%	100%
等待期			
30 天	30 天	30 天	30 天
药品费			
不限用药	不限医保目录	不限用药	不限医保目录
保费			
376 元	427 元	372 元（可按月缴费）	372 元

备注：表格内容来自公开信息。

2.3.2　理性看待"保证续保"

作为短期健康险产品，百万医疗险最大的问题还在于"保证续保"。根据《健康保险管理办法》（保监发〔2006〕8 号），保证续保条款是指，在前一保险期间届满前，消费者提出续保申请，保险公司必须按照原条款和约定费率继续承保的合同。含有保证续保条款的健康保险产品，不得约定在续保时保险公司有调整保险责任和责任免除范围的权利。

据观察，市面上的百万医疗险大多属于一年期产品，均不含有保证续保条款，保险公司有自主调整费率的权利，如一款百万医疗险在其产品条款中称，"我们每年都会检视费率，使其反映我们的整体理赔经验和医疗通胀等一系列因素。将根据合同计算费率所用的计算基础与实际情况的偏差程度，决定保险费率是否调整及调整额度。"这意味着，虽然保险公司可能如宣传所言，不会因理赔或者健康状况发生改变而拒保，但如果产品费率上调，办理续保时需消费者无条件接受。

除了一年期产品之外，目前市场上也有不少更长期限的百万医疗险。如某产品提出了"6 年保证续保"，另一款产品的保证续保期间为 3 年等。虽然表面上看来，3 年期、6 年期的百万医疗险保障期限更长，但短期险本质不变，因此也同样面临到期无法续保的隐忧。

无法续保的担心主要来自消费者健康状况发生改变、被保险公司"拒保"、产品停售、产品费率改变消费者无法接受等情形。

那么，市面上销售最火的几款百万医疗险在停售上都是如何规定的呢？

买保险就这么简单

查询上述几款热销的百万医疗险产品条款发现，A 产品、B 产品、D 产品均规定了停售不接受续保，微医保在续保条款中未能对停售情形做出明确规定，其条款称，不接受续保的条件包括"续保时年龄超过 100 岁、消费者身故、合同约定其他条款所列情况、不如实告知、欺诈等不符合续保条件等"。

据《每日经济新闻》2018 年 6 月报道，有的保险公司在条款中规定了"停售不续保"，但在产品销售页面上，标明"产品停售，客户可以选择升级至同类型的其他产品"。

此外，保障期限为 6 年的某产品宣传显示"可逐年续保，最高到 100 岁，免等待期，免健康告知，不因理赔或身体状况变化单独调整个人保费"，但未提出具体的停售续保方案。

在百万医疗险投保的实际操作中，未发生理赔的情况下，即将一年期满前，保险公司客服人员会提醒消费者继续投保。对于消费者在犹豫期后申请理赔，保险公司在审核不存在欺诈的情况下，会按实际发生的医疗费用予以赔付，第二年仍会接受消费者的投保申请。

不过，即便现在保险公司承诺续保，但在没有合同约定的情况下，未来自主权仍掌握在保险公司手上。值得关注的是，在百万医疗险销售广泛铺开之后，已经有保险公司在百万医疗险产品到期后拒保。中国银保监会也就此发布过风险提示，表示有消费者反映通过互联网购买的短期健康险产品到期后不予续保的问题。

对于消费者而言，在一年期产品"续保"问题上必须要进行充分了解。

目前市面上的百万医疗险产品条款中，很多产品对于"停售"等情况是否影响投保并没有明确的规定。

而在产品销售中，往往强调了"可续保至 N 岁"等长期险种概念。消费者若因此对产品产生误解，一方面会造成消费者申请时无法理赔的情况；另一方面，在无法续保后又丧失了投保其他保险的资格。

几款百万医疗险关于停售续保的规定

规定	A 产品	B 产品	C 产品	D 产品
条款中续保规定	如消费者超过 80 周岁或本保险合同统一停售，不再接受消费者连续投保	若发生停售、续保时年龄超过 99 周岁、消费者身故、其他条款所列情况不再接受续保	不接受续保的条件包括"续保时年龄超过 100 岁、消费者身故、合同约定其他条款所列情况、不如实告知、欺诈等不符合续保条件等"，未规定停售	若因不可控因素导致本保险执行停售，将不再接受续保，但消费者可以以续保方式投保其他医疗保险产品
宣传中关于停售后的续保承诺	本产品停售，消费者届时可以选择升级到其他同系列医疗产品	为已购买的消费者提供续保升级服务，没有等待期，也无须重新健康告知	承诺理赔后也能续保，可续保到 100 岁，未提出停售续保方案	6 年保证续保。可逐年续保，最高到 100 岁，免等待期，免健康告知，不因理赔或身体状况变化单独调整个人保费，未提出停售续保方案

备注：表格内容来自公开信息。

2.4 老年人适合买哪些医疗险

2.4.1 "亲民"的防癌医疗险

如果说年轻人是保险公司，尤其是互联网保险公司争抢的潜在消费者，那么中老年群体，特别是带病的中老年人群，却面临着没有太多产品可买的尴尬处境。

随着年龄的增长，中老年人健康状况开始不断出现问题，高血压、糖尿病、痛风等情况时常出现。一般而言，保险产品在设计上针对这一类人群显得不那么"友好"，要么保费高保额低，或者直接由于年龄高，或者因健康状况问题被拒保。根据相关临床统计，60岁以上糖尿病的患病率高达4.3%。仅糖尿病和高血压这两项，就能把很多老年人拒之门外。

那么，有没有老年人能买的医疗险呢？还是有的。目前，已经出现针对老年人的防癌医疗险产品，由于切中老年人群体的真实需求，成为备受欢迎的创新型医疗险。

与上一节所述的百万医疗险相比，老年人能买的医疗险不仅仅是在承保年龄上放宽至70岁、甚至80岁，在核保条件上也针对这些群体进行了调整——典型的"三高"人群可以投保，也因此吸引了更多目标消费者的关注。

针对老年人的所谓防癌医疗险，其实质和百万医疗险一样，都属于一年期的医疗险产品，对于同一年龄的购买人来看保费也相差不大。那么，防癌医疗险为何能做到给有"健康问题"的人群承保？

防癌医疗险相较百万医疗险，其实在原理上和防癌险对于重大疾病保险类似。在保障范围上，一般的百万医疗险不限疾病种类，并设有1万元免赔额，这意味着除了癌症之外，还包括了其他重大疾病，比如较为常见的急性心肌梗死、脑中风后遗症、重大器官移植术或造血干细胞移植术、冠状动脉搭桥术（或称冠状动脉旁路移植术）和终末期肾病等。而防癌医疗的赔付范围就只限于癌症。

不过，从疾病发生率来看，虽然缩小了保障范围，但防癌医疗险已经覆盖了最大的"癌症"风险。我们知道，在保险赔付中，癌症的占比多达七成，保癌症也意味着覆盖了绝大多数的重疾风险。2018 年 2 月，国家癌症中心发布的最新一期的全国癌症统计数据显示，30 岁以上年龄组癌症发病人数快速增高，60 ～ 64 岁组的发病人数最多。

而且防癌医疗险没有 1 万元免赔额的限制，从某种程度上来说，瘦身版的百万医疗险的实用意义更大。

几款热销的老年防癌医疗险

60 岁男性投保			
	A 产品	B 产品	C 产品
投保年龄	45 ～ 80 岁	45 ～ 70 岁	50 ～ 80 岁
最高可续保年龄	85 岁	99 岁	85 岁
原位癌	包含	包含	不包含
门诊	住院前后 30 天	住院前后 30 天	无
特殊门诊	门诊恶性肿瘤治疗	门诊恶性肿瘤治疗	门诊恶性肿瘤治疗 因恶性肿瘤导致的器官移植后的门诊抗排异治疗
理赔后是否可以续保	不能	可以	不能
停售后是否可以续保	不能	不能	不能
保费	1489 元（0 免赔）	1473 元	1460 元
可选	可选附加质子重离子	含特需医院门诊	无
绿通	包含	包含	无
其他责任	无	20 万元意外医疗	无

备注：表格内容来自公开信息。

首先，老年防癌医疗在年龄范围上更宽泛。从市面上几款热销的老年防癌医疗险来看，部分产品的投保年龄最高可到 80 岁，最高可续保年龄达到 99 岁，且明确了"理赔后可以续保"。当然，由于产品性质与百万医疗险并无不同，对于停售是否可以续保的问题也是一致的。

其次，防癌医疗险的"亲民性"体现在覆盖更多的群体，不仅是高龄老年人，还包括已经患有慢性病的更年轻的群体。2017 年 12 月，国家卫计委（2018 年 3 月改名国家卫生健康委员会）发布的《中国家庭健康大数据报告》中的数据表明，高血压、糖尿病等传统意义上的老年病也开始向年轻群体蔓延，与 2013 年数据相比，2017 年一线城市白领中高血压患者平均年龄下降了约 0.8 岁。

而在此之前，无论是重疾险，还是医疗险都无法承保患有高血压、高血脂、高血糖、糖尿病、风湿等慢性病的群体，他 / 她们由于无法通过医疗险的健康告知而被拒保。

2.4.2 优选服务更好的产品

对比上述几款热销的老年人防癌医疗险，在没有免赔额的情况下，选择包含原位癌的保险保障更优，比如 A 产品和 B 产品。在门诊恶性肿瘤治疗之外，A 产品和 B 产品还包含住院前后 30 天门诊的更优保障方案。此外，B 产品针对可保障人群高发的意外风险，增加了最高 20 万元的意外住院保障。

如前所述，医疗险属于报销型，与保险公司打交道的机会比较多，由于短期医疗险价格相差不大，能给消费者提供更好服务的公司是加分项。

比如，包含绿通服务的医疗险可以为消费者提供就医绿色通道（门诊＋住院）以及国内第二诊疗意见服务。

值得一提的是，治疗癌症的伽马刀、靶向治疗等项目均为社保不报销或部分报销项目，同时 80% 以上进口特效药不在社保医疗报销范围之内。对于这些高端治疗项目和进口特效药，一些老年人防癌险提供的服务就可以覆盖，这与仅能提供社保医疗报销的同类产品形成差异，这在一定程度上吸引了不少消费者的关注。

根据保险公司资料，从药物价格来看，绝大多数肿瘤新药一年使用花费都超过 10 万元，治疗乳腺癌、肺癌等的特效药帕博西尼（爱博新），一年使用花费超过 120 万元。根据国家癌症中心于 2016 年发表的中国癌症患者疾病经济负担研究，参与调查的癌症患者的家庭年均收入折合 8607 美元，癌症患者的人均就诊支出共计 9739 美元。

常见抗癌药物及价格

1. 易瑞沙，治疗肺癌早期，5500 元 / 瓶，医保价格 950 元 / 瓶
2. 特罗凯，治疗肺癌晚期，4390 元 / 瓶，医保价格 1260 元
3. 多吉美，治疗肝癌晚期，12180 元 / 瓶，医保价格 1200 元 / 瓶
4. 格列卫，治疗白血病，23000 元 / 瓶，医保价格 5060 元 / 盒
5. 雷利度胺，治疗骨髓癌，18000 元 / 盒
6.（1）索非布韦 + 达卡他韦，联合 6000 元 / 瓶；（2）吉二，治疗丙型肝炎，2700 元 / 瓶
7. 赫赛汀，治疗乳腺癌，25000 元 / 支，医保价格 1500 元 / 支
8. 硼替佐米，治疗骨髓癌，9518 元 / 支，医保价格 3800 元 / 支
9.CRIZALK，治疗乳腺癌，15000 美元 / 盒、拉帕替尼，治疗乳腺癌，6000 元 / 盒
10. 舒尼替尼，治疗胃癌，13100 元 / 盒，医保价格 6490 元

11. 阿西替尼，美国产，治疗晚期肾癌，20000 元 / 盒
12. 尼洛替尼，瑞士产，白血病耐药后使用，33693 元 / 盒，医保价格 16000 元
13. 阿法替尼，德国产，易瑞莎特罗凯治疗达不到效果，治疗肺鳞癌更有效，30000 元 / 盒
14. 贝伐单抗，治疗宫颈癌晚期，5398 元 / 支
15. 瑞格非尼，治疗直肠癌，10080 元 / 盒
16. 阿比特龙，治疗前列腺癌，37000 元 / 盒
17. 替诺福韦，治疗乙肝病毒，563.5 元 / 盒，医保价格 200 元

备注：表格内容来自保险公司资料。

公开资料显示，以肺癌治疗为例，不同分期的肺癌选择的治疗方式不同。如果早期肺癌可能只需要做手术就能解决问题，不需要做放、化疗治疗，这类肺癌患者治疗费用可能只包括手术的费用以及一些床位费。

一般肺癌手术治疗在 2 万～ 10 万元不等，床位费每天几十元到一百元。如果肺癌患者已经发展到中晚期，需要接受化疗治疗，肺癌化疗费用根据药品的价格决定花费，一般的化疗药物在 3000 ～ 5000 元不等。好一点的化疗药物可能在 5000 元至 1 万元不等。如果患者患了小细胞肺癌，因为这类肺癌对化疗比较敏感，并不是做了一次就能解决问题，因此多次治疗难以避免。

随着医疗技术的不断发展，越来越多的治疗方式被应用于肺癌的治疗当中。如果患者经济条件允许，很多医生根据患者的病情可能会推荐做定向放疗、生物治疗等方法，这些治疗方法在肺癌的治疗领域属于高端性治疗，涉及的费用相对较高。

2.5　高昂的高端医疗险

2.5.1　高端医疗险为什么赔付高

说起高端医疗险，除了服务更好，在费用上自然是以"贵"闻名。中国最早期的高端医疗保险是为在中国工作的外籍人士引入的，以满足他们在中国国际私立医院就医的需求。此后，高端医疗险的消费者延伸至中国外派海外的高管及工作人员，以满足他们在国外就医的需求。

如今，随着老百姓的收入提高以及中等收入阶层人数的扩大，高端医疗的消费人群更是大幅扩展，此前想都不敢想的相关产品，也日渐走入大众视野。

上海某外企高管卢小姐 30 岁，在英国一所著名大学研究生毕业后，她进入了这家外企。因为所在公司是跨国企业，在全球主要国家和地区都有业务，她也成了"空中飞人"，经常满世界到处跑。

因为卢小姐的岗位专业性较强，其年收入高达百万元人民币，保险意识比较强的她，给自己投保了一款高端医疗险，一次性年交保费 29000 元，保险期间可以获得全额赔付的门诊和住院保障。其中，住院赔付额度高达 2000 万元，涵盖住院期间医疗必要的所有费用；50 万元门诊赔付额度涵盖门诊期间医疗必要的所有费用，还包括物理治疗、中医 / 针灸治疗等。

作为增值服务，卢小姐还可以享受第二医疗意见和国际紧急救援服务。前者的意义在于足不出户就能得到世界顶级医疗机构对于重大疾病的病例复诊，免去误诊的担心，确保治疗的有效性。

既然有"高端"二字，高端医疗险的保费均是万元级别，从目前市场上热销的几款高端重疾险产品来看，保额从数百万元到几千万元不等，去再昂贵的医院，也不用担心保额不够用。高端医疗险完全突破社保限制，消费者在就医时不用再考虑社保的束缚而专心治病，非社保目录药品、进口药品、进口医疗器材等都能报销。

从表面上来看，前文所述的百万医疗险也拓展了报销额度——达到了百万元级别水平、药品费报销也能突破社保限制，在设置一定免赔额后，报销比例也能达到 100% 赔付，绿通服务也能给消费者提供一对一服务，也有紧急救援等，似乎与高端医疗险已经十分接近了。

不过，高端医疗险之所以"贵"，还是有其昂贵的原因。从实际赔付来看，高端医疗险的赔付一般不设免赔额，就医支持公立医院特需部、私立医院、海外医疗机构，理赔限制也较少，这些特点也意味着高端医疗险的"实用性"更高。

从覆盖人群而言，像卢小姐一样的外企高管，包括大量私营企业主、个体户，经济实力雄厚的普通民众以及希望将来能为宝宝提供良好就医环境的人，都是高端医疗险的潜在目标消费者。此外，部分有在私立医院、三甲特需医院就诊习惯以及年收入在 50 万元人民币以上的家庭，也是此类产品的争取对象。

当然，也有一部分人群是不需要自行购买就能享受到高端医疗险服务的。比如，一些大型跨国企业、效益好的企事业单位、高科技公司或发展较好的私营企业，为了留住人才，会将高端医疗险作为公司的团险福利，不仅给企业高层、核心骨干人员本人，还给员工家属连带提供高端医疗险，此举可以让他们安心工作，不必为生病花大钱发愁。

因为所在行业不景气，赶上公司计划裁员，刘小姐最近压力特别大，加上经常熬夜让她的颈椎病时常发作。随着头疼、眩晕症状加剧，刘小姐频频请假前往一家有名的私立医院做理疗。

这家私立医院在治疗颈椎病、腰椎病方面，名气较大，虽然每次理疗价格不菲但预约的人爆满。刘小姐一个月连续预约了三次，每次都能碰上来做腰椎理疗的顾姐。顾姐的老公是一位私企高管，她说，经常做一下理疗，对自己的腰椎问题有很大帮助。

虽然每次理疗的费用相对较高，但顾大姐是员工家属，可以用高端医疗险报销。两人熟悉后，顾姐还告诉刘小姐，除了报销理疗的费用，自己还时常看三甲医院的中医，感觉不大舒服开几副中药调理身体，也成了她看病的日常情形，而这些费用都在高端医疗险的门诊报销范围。

通过顾姐的介绍，刘小姐逐步对高端医疗险有了更多了解。此后，她考虑到身体不好，反而影响工作，说不定还被公司裁员呢？于是她横下心，买了一款高端医疗险。经过调理之后，她的身体状况明显好转，工作效率大幅提高。几个月后，刘小姐非但没有被裁员，还升为部门总监。

2.5.2 高端医疗险"高"在哪儿

首先，高端医疗险的好处显而易见，但个人或家庭成员购买时，还需

买保险就这么简单

要考虑成本付出问题，否则，即便服务保障再好，与自己的经济实力不匹配，也很难达到预期目的。

几款高端医疗险产品对比（单位：元）

产品	A 产品	B 产品	C 产品	D 产品	E 产品
保障地区	全球 / 全球除加拿大 / 亚洲 / 大中华	全球 / 全球除美国 / 中国内地	全球 / 全球除美国 / 亚洲	全球 / 全球除美国	中国内地 / 亚洲 / 全球除美国除加拿大
每年限额	300 万 /200 万	1800 万 /1200 万 /800 万	2000 万	2300 万 / 1600 万 / 900 万 / 600 万	300 万 /800 万
终身限额	450 万 /300 万	无上限	2000 万	无上限	无上限
投保年龄	0～65 岁	0～65 岁	0～70 岁	0～65 岁	0～65 岁
保障内容	住院、门诊、牙科	住院、门诊、牙科、生育	住院、门诊、牙科、生育	住院、门诊、牙科、生育、体检疫苗	住院、手术、牙科、眼科
免赔额	0	0	0	0	0
自付比例	0	0	0	0	0
支付服务	有	有	有	有	有

备注：表格内容来自公开信息。

　　各家保险公司产品保障范围有所不同，对于经常在海外工作的高管或者工作人员，可以自由选择适宜的保障范围：比如包含全球除美国、全球除加拿大、亚洲等。一些高端医疗险可以自由搭配自付比例，通过自付一定医疗费用的方式，有效降低保费支出。

　　高端医疗险的一大亮点是医院覆盖范围广，相对于前文所述的百万医疗险就医仅能在二级或二级以上公立医院普通部的规定，大多数高端医疗都适用于全球范围内医院，国内昂贵私立医院、公立医院特需部／国际部等，如和睦家、百汇医疗、协和国际部等。

第二，高端医疗只要使用医疗卡，直接由保险公司支付医药费，省去了先垫付再报销的烦琐过程。当然，有一个前提是必须和保险公司有合作的直付医院才可以享受这个服务。而普通医疗保险是自己垫付医疗费，事后报销。消费者在非支付医院就诊时，还是需提前垫付，再申请理赔。

第三，除了门诊和住院，高端医疗险的保障范围还可以包括生育、体检、牙科、疫苗、眼科等。对于有特定需求的消费者，可以更有针对性地选择更多的保障。比如准备要宝宝或者计划第二胎的女性，可以选择包含生育可选项的产品。对于家里有新生儿、且有意在外资医院、或者去香港地区打进口疫苗的消费者，可以选择包含体检疫苗的高端医疗险。

不过，由于市场需求不断提升，一些保险公司也提高了相应的理赔条件。比如某款高端医疗险含有生育保障，在投保的第一年不能赔付生育医疗费用，在第二年才能生育。另一款含有眼科保障的高端医疗险规定，一年仅能赔付一副配换眼镜的费用。

除了上述基本的差异，消费者在选购一款高端医疗险时还应关注哪些问题？比如，高端医疗险的基本保障中是否包含核磁共振、病理诊断试验和程序肿瘤试验的检查费用、陪护费用、年度体格检查、慢性疾病、对晚期病症的关怀、荷尔蒙激素治疗、当地救护车、器官移植、家庭护理、法律费用、紧急探亲慰问、在保障区域之外的紧急医疗费用、遗体遣送等内容的保障范围和额度？消费者需要考虑的内容还包括病房规格有无限制、是否提供 24 小时国际热线服务、既往病症的等待期、门诊是否可设无免赔额等。

总之，有一定经济实力和需求的消费者，在购买高端医疗险时，务必对产品的覆盖范围和理赔条件有一个全面的了解，以最大限度维护自己的切身利益。

第 3 章

寿　　险

寿险，是以消费者的寿命为保险标的，且以消费者的生存或死亡为给付条件的人身保险。寿险是一个大类，可以按照保障的功能划分为定期寿险、终身寿险、两全保险、分红保险、万能保险、投资连接险等。

作为居家必备保障的重要一类，本章重点阐述的是定期寿险、终身寿险，保障属性更强的寿险产品，其他储蓄功能的寿险将在本书第 2 篇重点介绍。

本章主要内容包括：

➤ 终身寿险的代际传承功能

➤ 定期寿险撬动高保额

➤ 创新型定期寿险

➤ 搭配销售的两全保险

买保险就这么简单

与其他险种有所不同的是，寿险转嫁的风险，是消费者或投保人的生存或者死亡风险。我们在影视剧里经常会看到这样的场景：某个豪门世家，如果夫妻感情不合，或一方出轨犯错，婚姻中的另一方就设计出各种意外事件，谋害自己的配偶，从而骗取巨额的保险金，而这个巨额的保险金通常就是由寿险赔付的。

当然，这样的离奇桥段主要是导演为增加故事看点而设计的，在现实中，这种情况几乎不可能发生。为了规避道德风险，降低成本，保险公司在进行产品设计时，通常将"投保人对被保险人的故意杀害、故意伤害"列入免责条款。

除此之外，不少寿险产品仅限为本人购买，且"自杀、故意自伤"等多种情形也是不予理赔的。此前，曾有"母亲为获保险款，救患病儿子自杀"的案例见诸报端，表明不少人对于寿险的认识严重不足，甚至有诸多误解之处。据了解，大多数人寿保险合同有一个两年左右的观察期，如果消费者在这个期间之内去世，保险公司有一种法定权利决定是给付保险金还是退还保险费。

一般来说，寿险都是以"死亡"或者"全残"为赔付标准的，在所有的保险产品中，寿险更能体现消费者对于家人的爱和责任。那么，"不赔本"的终身寿险到底有什么用途，对于普通家庭来说值得购买吗？本章第 1 节从终身寿险的实际功能阐述到底谁适合购买。即便寿险保单所谓的

"避税避债"功能是噱头，但消费者提前指定受益人，就可以有效避免理赔时亲人之间的纠纷。

与终身寿险相比，限定一定保障时期的定期寿险具有更大的杠杆效用。第 2 节进一步讲述的是，对于收入一般的普通家庭而言，选择一款定期寿险要比终身寿险更加实惠。如今，随着互联网渠道日趋流行，已有越来越多的定期寿险产品给消费者带来更多选择。第 3 节以一个案例讲述一种定期寿险在互联网渠道下的一类创新，其通过"定期寿险 + 年金保险"的产品设计，为指定的受益人定制更人性化的保险金领取方式。

两全保险也称"生死合险"，相对于终身寿险和定期寿险，两全保险通常会搭配意外险、重疾险等产品销售，无论消费者在保险期间死亡，还是消费者到保险期满时生存，保险公司均给付保险金；与纯消费型的定期寿险不同，两全保险也有一定的储蓄功能。两全保险的性价比到底如何，第 4 节会举例阐述。

3.1　终身寿险的代际传承功能

3.1.1　"不赔本"的终身寿险

终身寿险是能为消费者提供终身保障的保险，就是消费者在任何年龄因身故或全残，保险公司给付保险金的保险。所谓的"终身"，一般而言，是到生命表的终端年龄 100 岁为止。如果消费者生存到 100 岁，保险公司将向其本人给付保险金。

买保险就这么简单

购买寿险的初衷在于消费者对自己"死亡"风险的转嫁。现实生活中，由于家庭的负债、子女及父母的赡养、配偶的花销，都可能因自身死亡而陷入困境，而保险可以针对这种风险给消费者提供解决方案。对于终身寿险而言，消费者不管何时死亡，保险公司均要按约定赔付保险金。

在一些对"储蓄"有着天然偏好的人眼中，终身寿险是一笔"不赔钱"的买卖。不过，正如"鱼与熊掌不可兼得"，想要在一生中覆盖"死亡"的风险敞口，消费者需要为此付出高昂的保费代价。对于家庭资产有限的群体而言，在预算有限的情况下，降低保额的选择会让寿险产品的实际意义大打折扣。

实际上，终身寿险的最核心功能在于财富代际传承。保险公司在对终身寿险进行产品定位时，也是将"需要高额身价人士"作为产品的目标人群。对于高净值人群而言，购买终身寿险能满足其资产的多元化配置需求。

目前，有很多终身寿险附加分红功能，同时兼备储蓄和保障的属性。即便是在身故前有资金提取的需求，也可采取保单抵押贷款或者是退保的方式来取回一部分资金，比如在合同有效期内，将保单现金价值的80%进行保单质押贷款。

终身寿险是一种非常适合进行遗产规划的险种。原因在于，它需要在被保险人死亡后赔付，而且保险受益金可以完全按照消费者的意愿分配，且受法律保护。为了防止给后人留下一大笔钱却被挥霍掉，一些保险公司还会将高保额终身寿险连接保险金信托，提前约定受益人在教育、婚嫁、创业、医疗等情况下按需给付、定额领取。

综上所述，终身寿险适合的群体主要有以下特征：一是有固定收入且收入较高的人群，可以负担较高的保费；二是有储蓄和保障目的的人群，虽然要到身故才可以拿到保险金，但终身寿险的储蓄功能。让其累计一定的现金价值，这支持消费者通过保单抵押贷款方式完成有效融资；三是有遗产规划需求的人群，可以通过终身寿险实现财富传承，且按照自身意愿实现财产分配。那么，投保终身寿险的保险利益是什么的样呢？下面，以高先生为例。

高先生从事的工作是高压电塔安装，有很高的危险性，之前曾有一位同事出事去世，因为没有买终身寿险，作为家庭支柱的男人倒下后，同事的妻儿生活举步维艰。考虑到自己特殊的工作性质，高先生投保了某公司的终身保险（附加重大疾病），20 年缴费，保障终身，保额额度 20 万元，年缴保费约 6000 余元。根据条款，若高先生在等待期后患上合同约定的重大疾病，保险公司赔付保险金额 20 万元；若高先生不幸身故，则其家人可得到身故理赔金 20 万元。

3.1.2　寿险保单可以避债吗

近年来，在各家保险公司的成绩单上，"千万保单""亿元保单"的案例并不少见。随着我国高净值人群数量的迅速增长，高额保单成为这类人群实现财富传承的一大渠道。

在保险销售过程中，为了促成高额保单成交，诸如保险产品可以"避税避债"的宣传误导现象频频出现。由于国内尚未开征遗产税，所谓保险

买保险就这么简单

"避税"功能还无从谈起。除此之外，保险的"避债"功能时常被作为保险代理人的宣传话术，尤其是对于一些私营企业主而言，如此宣传正好切中了他们隔离资产的需求。

那么，寿险保单真的可以避债吗？截至目前，不少地区法院的执行通知均规定，"老赖"拥有的保单应得到明确执行。如江苏高院 2018 年发布通知规定，"保险合同存续期间，人身保险产品财产性权益依照法律、法规规定，或依照保险合同约定归属于被执行人的，人民法院可以执行"。

根据定义，人身保险产品财产性权益包括依保险合同约定可领取的生存保险金、现金红利、退保可获得的现金价值（账户价值、未到期保费），依保险合同可确认但尚未完成支付的保险金及其他权属明确的财产性权益。具体的执行方法是保险人、受益人未向人民法院交付相当于退保后保单现金价值财产的，人民法院可以要求消费者签署退保申请书，并向保险公司出具协助扣划通知书。

据每日经济新闻 2018 年 7 月报道，在目前各地区法院的执行标准下，对于债务人是投保人、被保险人和受益人三种不同的情形，法院执行保险合同的效力是不一样的。

假设母亲是被保险人，儿子是受益人，在第一种情形下，如指定儿子是受益人，万一母亲欠钱，在母亲身故时，理赔款作为保单受益人的儿子可以拿到保险金且不必用来偿还母亲所欠债务，这也是保单不必用来偿还债务的唯一的一种情形；在第二种情形下，如果作为债务人的母亲发生保险事故后仍生存，则保险公司的理赔款可能被用来偿还母亲的债务；在第三种情形下，如果儿子是债务人，母亲身故后的理赔款儿子应该获得的部分则可以冻结，用于偿还受益人所欠的债务；还有一种情形，如果是作为债务人的父亲是投保人，则可能被强制退保，用现金价值偿还投保人所欠的债务。

一个典型的案例是，2017 年 12 月网络上有人爆出，唐山黄某某在撞飞老人之后，蛮横无理，拒不履行法律判决，拖欠受害人赔款，甚至当面侮辱受害人儿子，该事件引发网友高度关注。

法院要求黄某某在赔偿 86 万元之后，黄某某使出的"老赖"手段，拒不履行判决逃避债务。不过，经黄某某所在保险公司主动核查，向唐山市中级人民法院提供了其收入证明及黄某某个人投保保单信息，并积极配合唐山市中院执行"冻结该代理人的佣金及查封其名下相关资产"的要求。

从另一个层面来看，在购买了寿险之后，为保单指定受益人将在最大程度上保障受益人的权利。而如果未指定受益人，在理赔过程中还可能发生父母、子女、配偶争夺保险金等纠纷问题。一个不容忽视的事实是，目前绝大多数的寿险保单都没有指定受益人，对于已经投保还没有指定受益人的保单，及时指定受益人显得十分有必要。

3.1.3　普通家庭不切实际的选择

前面我们提到，因为终身寿险与其他险种相比，有自己的产品特点，需要有一定的经济实力，那么对于普通家庭来说，为什么购买终身寿险显得不够切合实际呢？下面，我们以小王的情况为例进行说明。

小王一家生活在某二线城市，夫妻二人都是一家地方国企的员工，两

买保险就这么简单

人每月的工资加起来在一万元左右，因为当地物价不是太高，夫妻二人的收入属于较高水平。2017 年年底，小王喜得贵子，30 岁初为人父的小王开始担忧，若万一哪天发生什么意外，以后拿什么留给孩子？

一家保险公司的代理人通过熟人，跟小王进行了接触了解，然后向他推荐了一款终身寿险，代理人建议小王拿出家庭收入的十分之一购买寿险，算下来每年需要交的保费是一万元出头。该代理人建议小王把投保期限拉长到 20 年，可以做到保额是 80 万元。

对于这一方案，小王的第一感觉是看起来不错。不过，想想每年交一万多元保费，对他的家庭而言压力不小，除去每月雷打不动的房贷，平日里的生活开支，给亲戚朋友的礼钱、红包支出，两个人的月收入一大半就没了。

再加上刚刚添了小宝宝，奶粉、尿不湿、玩具、辅食哪里都需要钱。想想与妻子谈恋爱的时候，小王还答应妻子，婚后每年要带全家一起去旅游一次，什么高大上的欧美游就不敢想了，就算是出省游也是一笔不小的开销。

能有一份保险给自己的家庭兜底，当然是我们很多人追求的目标。当小王陷入了到底买保险，还是留更多的钱应对生活所需的种种纠结时，其实问题的症结不难理解。那么，这款终身寿险是否到底值得小王购买呢？我们不妨来帮小王算一笔账。

大学毕业没几年的小王 30 岁，通过测算一款某公司终身寿险保费，选择 80 万元的保额，交 20 年，每年需缴纳的保费是 11760 元。终身寿险覆盖的保障期间是一辈子，这意味着无论在什么时间身故，小王都将给家庭留下一笔 80 万元的保险金。

在产品宣传中，该终身寿险还以年金转换功能为宣传点，声称还可以到一定年龄转换为年金产品，作为消费者的养老金领取。

也就是说，不仅仅家人能领取，小王自己在有生之年也能获得保单利益。但这一卖点真有看起来那么好吗？

假定小王到了 70 岁变成老王时，身体仍硬朗，想为自己补充养老金，所以选择了提现这款终身寿险，能领取到的现金价值是 40 万元。这意味着，小王用 11760 元 ×20 年 =23.5 万元的本金最终得到 40 万元的本息，同时在 30 ~ 70 岁能享受到 80 万元的身故保障。

这么"贵"的保险，如果换成定期寿险的方案，效果是怎样的呢？假如小王同样选择 80 万元保额，保障期间至 70 岁的定期寿险，在小王 70 岁之前，享受到的身故保障和上述终身寿险方案并无不同。

从保费来看，小王如投保的是一款某公司定期寿险方案，年交保费不到前者的一半，每年需要交的保费是 4480 元。每年节约的保费为 11760 元 −4480 元 =7280 元，累积 20 年节约的资金 14.6 万元将在此后 40 年获得增值收益。

终身寿险提取现金价值后的收益率表现并不占优势，更大的功能是起到强制储蓄的功能。此外，从流动性来看，在小王 30 ~ 70 岁时，这些流动资金及增值的收益可以随取随用，满足日常生活中的各种开支需求。

从上述例子可以看出，在保险公司的宣传中，终身寿险可以"满足补充养老金的需求"的说法似乎有些牵强，如果是有补充养老金的需求，完全可以通过配置价格相对低廉的定期寿险来实现，既能在一定时期享受到身故的保障，也能通过简单的投资理财达到财富累积的效果。

这也说明，终身寿险的优势不在于消费者自己能享受到保险金，而是要给后人留下一笔财产。即在百年之后，小王寿终正寝，这份保单的受益人未来可以申请理赔获得 80 万元的保险金。

经过分析，相信读者对终身寿险有了更多认识，至于到底合算不合算，对不同的家庭情况、理财风格、个人性格等综合考虑，结果各有不同。对小王的家庭而言，是选择较少的保费为提高生活品质留有余地，还是节衣缩食把节省的钱都放到终身寿险产品上，要做出选择并不困难了。

一个更为现实的情况是，假设在小王 80 岁时给后人留下一笔 80 万元的保险金，这距离小王今天的投保时间跨度长达 50 年，在这 50 年中，通胀的变化很难预计，但到时购买力大不如今天还是可以预期的。这一因素，也是我们在购买终身寿险时需要认真考量的。

3.2 定期寿险撬动高保额

3.2.1 越来越受欢迎的互联网新秀

定期寿险提供的是特定期间死亡保障，保险期间通常在 10 年、20 年，或者保障消费者到指定年龄时止。该保险不积累现金价值，所以定期寿险一般被认为是无任何投资功能的"纯粹"的保险。也就是出险赔钱，不出险钱就归保险公司。

《保监微课堂》曾对此提醒，如果消费者投保了定期寿险，每年缴纳保费到一定年龄，却没有任何返还，不要轻易认为吃了亏，因为保险公司也承担了这段期间里，可能因为消费者身故带来的经济损失风险。

公开资料显示，在美国、日本等较为发达的保险市场，定期寿险的市场占有率接近 40%，有很多家庭在配置保险的时候，会把定期寿险保单作为首选保险产品。

根据美国寿险行销调研协会的统计数据，每卖出 10 张人寿保单，其中就有 4 张是定期寿险保单。数据显示，发达保险市场的消费者对定期寿险接受度高，确实是有道理的。定期寿险按照保费计的市场占比约为20%，而死亡风险保额占比却高达 70%。

不过，由于国人保本思想严重、且忌讳以死亡为给付条件的保险，较长时间以来，定期寿险在中国的市场接受度并不高，市场占比还不到 1%。

从保险公司层面上来说，由于佣金低，保险代理人对定期寿险产品的销售动力不足，尤其是过去几年保险公司热衷于冲规模，而定期寿险件保额高、均保费低，难以快速累积保费规模，因此保险公司不愿意花太多精力进行推广。

2017 年以后，随着监管部门倡导保险业回归"保险姓保"，尤其是《关于规范人身保险公司产品开发设计行为的通知》（保监人身险〔2017〕134 号）的正式实施，开始支持保险公司开发定期寿险，这类纯风险保障

买保险就这么简单

型产品开始受到追捧，特别是中小型公司、业务转型定位"小而轻"的保险公司纷纷推出自身的定期寿险产品。

由于这些定期寿险产品借助互联网渠道销售，与传统销售模式相比，销售费用大幅降低。与此同时，伴随着"80后""90后"乃至"00"后群体的保险意识增强，他们更乐于通过互联网渠道购买保险产品。加上定期寿险标准化程度高、更容易理解且保费相对低廉，日渐受到年轻消费群体的关注。

只要稍加留意，我们不难发现，近几年推出的定期寿险呈现保额越来越高的趋势，100万～200万元保额的产品并不少见，而且部分产品的健康告知宽松。

比如某定期寿险的投保告知仅有4条，包括"是否从事高风险活动；是否被保险公司拒保等；妇女是否现在怀孕；是否患有或曾经患有疾病的28种疾病"。体检是否异常的情况并未包含在内。此外，该产品的免责条款仅有3条，包括"投保人对被保险人的故意杀害、故意伤害；被保险人故意犯罪或者抗拒依法采取的刑事强制措施；被保险人自本合同生效之日起2年内自杀"。

"核保宽松、免责更少"是定期寿险的一大卖点，目前大部分互联网渠道在售的定期寿险都不需要体检，仅要求如实健康告知。在此情况下，如果在保额较高的情况下，宽松的核保条件很容易带来逆选择的风险。

为了防范消费者逆选择，保险公司通过对不同年龄段的保额限制控制风险，比如某公司一款定期寿险18～40周岁的最高保额150万元，

41～50 周岁 100 万元，51～55 周岁 50 万元；该产品还对地区最高保额划线，北京、上海、广州、深圳等地区最高保额 150 万元，其他城市 50 万元。

同样是健康告知和除外责任条款较少的另一款定期寿险则规定，如果被保险人年龄为 18～40 周岁，保额不超过被保险人年收入的 20 倍；如果被险保人年龄为 41～50 周岁，保额不超过被保险人年收入的 15 倍。

3.2.2　如何挑选合适的定期寿险

与长期寿险产品相比，定期寿险是在约定保险期限内，保障消费者的身故、全残予以赔付的保险产品。一般而言，由于定期寿险到期后不退还保费，是一种纯消费型的保险，性价比相对更高。

以 30 岁刚刚成家立业的小王为例，同样是购买一款 20 年交 100 万元保额的定期寿险，保障至 70 岁，价格大概是终身寿险的三分之一。

以较低的保费获得最大的保障，对于特定的人群来说，消费型的定期寿险是一种理性的选择。通常情况下，下列人群更需要配置定期寿险：一般家庭中的收入主要来源者；事业刚刚起步的年轻人，收入暂时还比较有限；单亲家庭且子女未成年者，家长一旦遭遇意外，子女将会缺乏基本生活保障；车贷、房贷压力较大的家庭，一旦主要经济支柱的人遭遇意外，容易出现还贷压力不堪重负的情况。

个人认为，购买定期寿险要考虑三个关键的因素：保险金额、保险费和期限的长短。根据保险规划师的投保建议，保额期限应匹配家庭风险年限。比如对于房贷、车贷一族，保障期应与贷款年限相当；育儿族的保障期应与剩余教育年限相当；从经济预算充足角度看，保障应覆盖至60～70岁。

市面上销售的六款定期寿险，如A、B、C、D、E、F产品，从投保年龄看，一般是到50岁，E产品最高投保年龄是55岁，A产品是到60岁，除了A产品之外，其他几款产品除了法定受益人之外，还可以指定受益人。

从健康告知的宽松程度来看，C产品的健康告知最为严格，包括是否过度吸烟、喝酒，从事高危运动，是否曾被保险公司拒保等，尤其是在"是否曾经或目前患有的疾病种类"中涵盖了上百种疾病种类，包括甲状腺结节、高血压病、贫血等；A产品的健康告知也有多达11条，除了上述告知事项，还包括"在其他公司投保人身险保额超过100万元"。

此外，对于"最近两年的平均固定年收入是否在4万元以内"和"在银行有贷款或向其他人有借贷，且近半年内未能如期还款"两种情况下，不能投保80万元以上保额。健康告知最宽松的是D产品，仅有4条。此外，F产品、D产品、B产品的健康告知也较为宽松，也无须告知体检异常和过度吸烟等情况。

从患病告知的细节来看，个别定期寿险的健康告知较为严格。有结节的消费者要避开几款产品，比如B产品除了需要告知恶性肿瘤，还包含"性质不明的结节或肿块"；D产品包含"肿块、息肉、囊肿、赘生物、结节等"；C产品包含"甲状腺结节"。

对于患有高血压的消费者需要关注的是对高血压限制的条件，比如 A 产品、E 产品、F 产品，这些产品均规定高血压达到（含）二级均不能投保；B 产品、D 产品规定的是高血压超过二级不能投保；C 产品最为严格，直接列出高血压且未限制等级。

从等待期来看，市面上常见的定期寿险等待期是 180 天，不过，个别产品的等待期仅需要 90 天。值得注意的是，保险公司设定的等待期越短，保障覆盖的时间就越长，对消费者而言也越有利。从最高保险期间和保额来看，E 产品寿险最高可到 88 岁，其他五款产品也能覆盖至 70 岁。最高保额均在 100 万元以上，D 产品和 E 产品保额能达到 200 万元。

假如小王选择 20 年缴费、100 万元保额的定期寿险，保障至 70 岁，上述五款产品年交保费在 5240 元 / 年～ 5800 元 / 年，价格相差不大。由于小王不吸烟、不喝酒、最近体检无异常、不从事高危运动，所以严格的健康告知对小王并无影响，最终他选择了等待期 90 天的定期寿险，最大化地享有寿险保障。

几款定期寿险产品对比

产品	案例：30 岁男性，20 年缴费 100 万元保额定期寿险					
	A 产品	B 产品	C 产品	D 产品	E 产品	F 产品
投保年龄	18 ～ 60 周岁	20 ～ 50 周岁	20 ～ 50 周岁	18 ～ 50 周岁	18 ～ 55 周岁	18 ～ 50 周岁
可为谁投保	自己	自己	自己	自己	自己	自己
受益人	法定	法定 / 指定	法定 / 指定	法定 / 指定	法定 / 指定	法定 / 指定
健康告知条数	11 条	5 条	12 条	5 条	4 条	5 条
体检异常	需要告知	无须告知	需要告知	无须告知	无须告知	无须告知

续表

案例：30 岁男性，20 年缴费 100 万元保额定期寿险						
产品	A 产品	B 产品	C 产品	D 产品	E 产品	F 产品
职业或高危运动限制	需要告知	需要告知	需要告知	需要告知	需要告知	需要告知
是否过渡吸烟	需要告知	无须告知	需要告知	无须告知	无须告知	无须告知
等待期	90 天	180 天	180 天	180 天	180 天	180 天
最高保险期间	70 岁	70 岁	70 岁	70 岁	88 岁	70 岁
最高保额	150 万元	150 万元	100 万元	200 万元	200 万元	150 万元
免赔条款条数	7	4	7	4	3	5
保费	5510 元 / 年	4990 元 / 年	5800 元 / 年	5240 元 / 年	5600 元 / 年	5430 元 / 年

备注：表格内容来自公开信息。

3.3　创新型定期寿险

3.3.1　为父母定制的专属养老金

2018 年 9 月，肖峰四处打听本地靠谱的律师，尤其是擅长家庭财产分割领域的。事情的原委，还得从肖峰的哥哥意外去世说起。

肖峰的哥哥是某知名大学的法学博士，36 岁，平时喜欢打篮球和登山，身体健康。2017 年 11 月，在一次旅游中，肖博士不幸发生意外，经救治无效后死亡。在肖峰的哥哥去世后的半年，其父母和妻子发生了令人尴尬的纠纷。

原来肖博士并不是没有买保险，保险公司按合同约定，赔付了他的家人 30 万元的保险金。肖博士父母不是城市职工，除了一点储蓄，没有其他的养老金来源，比较麻烦的是，肖博士此前购买的保险没有指定受益人。而其妻子向来与公婆关系不好，肖博士去世后，这种矛盾进一步激化，双方在房产、银行存款、保险金额的分配等事情上闹得不可开交。

刚开始，一些亲戚、朋友还过来好言相劝，时间一长，大家宁愿躲得远远的，一边是肖博士的父母、一边是肖博士的老婆，站在哪一边都不好说，而且每一方都有自己的合理理由。

应该说，谁都不希望这样的事情发生，但在日常生活中，类似肖博士家庭的这种问题却有很多。因为遗产分割的事情，最后亲人因为经济利益闹上公堂。

目前，在保险实务中，保单指定受益人的情形并不多。而互联网渠道上销售的寿险产品，在指定受益人的选择之外，最简单的操作是指定受益人默认为法定受益人，但这会带来一系列的后果。

"你养我小，我养你老"，是一款为父母定制的专属养老金的保险产品，可谓戳中了不少为人子女的心。该产品在指定受益人的设计上，划分为父亲单领、母亲单领和父母双方合领三类。投保大数据显示，为该款保险设定父母合领的消费者占比 60%，父亲单领计划是 15%，母亲单领计划是 25%。

30 岁的白领小爱已经成家立业，育有一女。小爱的父母都是 56 岁，因为自己是独生女，她对父母的养老问题一直牵挂在心。因为自己工作生活的城市离父母较远，自己不能时刻在身边尽孝，每次想到父母为自己付出太多，小爱心里就特别难受，于是希望用一份保险弥补自己的赡养义务。在看到某平台上销售的一款寿险产品时，小爱选择购买了两份该产品，每月支付保费 41.6 元。

根据该保险的理赔设定，若小爱在等待期后不幸身故，其父母一次性领取 10 万元，并在 60 岁后可按月领取 2000 元，保底领取 36 万元，总计可以至少领取 46 万元。假设父母寿命为 90 岁，60 岁后可领取的金额为 72 万元。

在该产品中，由于上不封顶的领取设计，意味着父母的寿命越长，可以领取的金额也越多。

个人建议，如果对于父亲或者母亲领取理赔款没有明确的要求，消费者可以参考男性和女性的平均寿命数据，由于中国女性的平均寿命要比男性高约 6 岁，可以优先设定母亲单独领取，其次为父母双方共同领取，最后为父亲单独领取。换句话说，通过对受益人的设置技巧，可为父母养老争取更大的经济利益。

3.3.2　定期寿险 + 年金设计

事实上，小爱选择的产品本质上是一款"定期寿险 + 年金保险"保险组合，将定期寿险的受益人设定为父母，如果消费者在 60 岁前身故，定期寿险的保险金额一部分直接给父母，而另一部分保险金额作为一次性缴纳的保费，转化为一份养老年金产品，在父母 60 岁后每月领取养老金。

由于"利他而非利己"的产品属性，在我国保险市场上推广定期寿险可以说并不容易。不过，把定期寿险责任巧妙设定为父母养老保障，意味着更高的市场接受度。那么，与单纯的定期寿险相比，此类产品到底有何特点呢？

首先从价格来看，小爱选择的产品优势并不明显。假设，小爱在等待期后不幸身故，父母累计至少领取 46 万元。从缴费期间看，从小爱 30 岁起，至身故期间，每月需要缴纳 41.6 元对应年交保费 499.2 元。从保障期间看，是到小爱 60 周岁为止，这意味着缴费期间和保障期间都是 30 年。

以常见的一款定期寿险作为对比，小爱同样选择 30 年缴费、保障至 60 周岁，50 万元基本保额对应的年缴保费是 550 元。从保额／保费来看，两者相差不大。

小爱选择的上述产品最大特色在于增加了年金保险的设计。一方面，通过年金保险的形式应对了父母的长寿风险，解决了到老后的赡养问题；另一方面，现在针对老年人的金融欺诈活动较多，父母年纪大是非判断模糊，容易被不法分子乘机而入，每月领取养老金是一个有效避免潜在损失的办法。

作为一款为父母定制的专属养老金，一个小麻烦的地方是，如果父母先于投保人本人身故，就需要办理受益人变更，定期寿险＋年金保险的产品设计为恢复定期寿险，变更后的受益人在发生保险理赔时一次性领取上述 46 万元保险金，或者办理退保处理。

在定期寿险的健康告知中，小爱选择的上述产品优势十分明显。目前，市面上健康告知较为宽松的定期寿险产品至少包含 4～5 条，而后者的健康告知仅有 2 条，除了高危职业、高血压（收缩压大于 160mHg，或者舒张压大于 100mHg）、糖尿病不能投保之外，常见的免责事项甲状腺结节、肿块等均不包含在内。此外，产品的除外责任也非常简单，仅说明消费者因自杀或犯罪而导致的身故，保险公司不承担保险金的赔偿责任。

对于保险产品的选择来说，除了价格因素、保障的设定、保险公司的服务，更为人性化的产品设计也是一个重要考量。对于一款受益人为老年人的保险产品，保单理赔的便利性是一个很重要的因素。小爱选择的上述产品中的保险联系卡功能，可以将保单信息分享给最靠谱的亲友，帮助自己的父母处理理赔的事项，不失为一款贴心的产品设计。

从缴费周期来看，缴费的周期越长，频率越高，可以大大降低消费者当期缴费的压力。通过按月缴费的形式，这款产品将保费压缩至每月百元之内，也增加了这款定期寿险的市场吸引力，有利于增加定期寿险的市场接受度。

当然，作为创新型定期寿险，与终身寿险及普通定期寿险，产品特点还是有一些区别，消费者在购买时，应仔细查阅条款，不懂的地方，最好是找代理人或专业人士咨询清楚为宜。

3.4　搭配销售的两全保险

当前，我国的保险产品众多，功能各异，针对的目标人群和覆盖范围差别较大，普通消费者很难搞清楚一些名气不够响的产品，比如两全保险。

所谓两全保险又称生死合险，消费者在合同约定的期间内死亡或届满仍生存时，保险公司均按照合同约定承担给付保险金责任。一般而言，两全保险搭配意外险、重疾险等产品组合销售。

与一年期的交通工具意外险相比，搭配两全保险销售的意外险优势在于，一次投保可以覆盖一定保险期间的交通工具意外保障，生存保险金为满期给付所缴保险费的 110%，对于青睐返还型产品的消费者而言，同时还能获得高额保障责任。

从功能上看，两全保险具有保障性和储蓄性的双重功能。具体来说，两全保险对被保险人在保险合同约定的保险期间内可能发生的死亡事故提供保险保障。

同时，两全保险在保险期间内不断积存现金价值。因为两全保险通常也采用均衡保险制，在此机制下，保险人早期收取的保费大于其用于赔付的部分，超过的部分不断积累起来构成准备金用于以后的支付。在两全保险中，积累起来的准备金在保险期间届满时将等于保险金额，储蓄功能的特征得到很好体现。

35 岁的张先生是一家食品公司的部门经理，上班地点在郊外，离家

买保险就这么简单

有 25 公里左右，因为单位的交通车经停路线与张先生所住的小区距离较远，所以他每天都得开车上班。由于上班太忙，也经常加班，根本没有太多时间来学习理财知识，张先生计划用家庭资产的 30% 配置保险产品。考虑到自身对交通意外的担忧，张先生选中了一款两全保险，除了自驾意外险，该产品还包括了铁路、航班飞机高额意外保障。

假设张先生投保保额 10 万元，缴费期选择 10 年，保险期间为 30 年，年交保费 1920 元。个人认为，虽然产品号称保额高达 200 万元，但保险利益显示，自驾车意外全残、身故保险金为 200 万元，公共交通工具意外全残、身故保险金 100 万元。而对于一般意外全残、身故保险金是 20 万元。

由于定位于交通工具意外，该产品在疾病导致的身故、全残给付的保险金并不高，为所交保费的 110% 和现金价值的最大者。此外，当保险期间届满，即张先生 65 岁时，保险公司按照所交保费的 110% 返还 21120 元。

张先生还打算给 1 岁的儿子豆豆选购一份少儿两全保险，保额是 40 万元，保障 30 年，分 20 年缴费，年缴保费 1910 元。保障利益显示，对于 50 种重大疾病的保额是 40 万元，对于白血病、重疾手足口病等 8 种特定重大疾病的保额翻倍至 80 万元。如果等待期后被保险人身故，身故保险金为已交保费的 160%。产品还附加了投保人豁免责任，在张先生无法续交保费时，保单也能继续生效。当豆豆在保险期健康成长至 31 岁，张先生的满期保险金为已交保费 ×138%，即 52716 元。

两全保险在搭配这类高保障型产品时，体现出期满后可以返还保费的优势。因此，这一特点也打动了不少消费者。此外，搭配两全保险让产品形式变成长期。如果单独投保一年期意外险，或者短期重疾险消费者可能会担心太麻烦，万一没有及时续保可能会造成保障覆盖不足的情况。

值得关注的是，这类保险产品的保障内容涵盖范围往往很有限。以交通意外为例，单独销售的一款覆盖飞机、火车、轮船、汽车意外的 100 万元保额的意外险，一年只要 100 元左右就可以买到，不少保险公司还拿自驾意外险、航意险等交通工具意外险作为赠险，以提高公司的知名度，达到获取消费者的目的。

个人以为，消费者在选购可返还的重大疾病保险时，不能仅关注可以返还这一亮点，最关键的还是保险涵盖的保障内容，以免出现本来购买了保障型保单，但实际保障却严重缺乏的情况。

以上述少儿两全保险为例，虽然产品宣称对少儿高发的白血病保额翻倍至 80 万元，但产品条款也明确写明了轻症白血病不赔（相当于 Binet 分期方案 A 期程度的慢性淋巴细胞白血病），此外，原位癌和皮肤癌也不在该重疾的约定赔付中。

第 2 篇
具备双重功能的理财保险

第 4 章

养老险

———————————◇———————————

　　人均预期寿命是衡量一个国家、民族和地区居民健康水平的指标，可以反映一个社会生活质量的高低。

　　新华社 2018 年 6 月报道，根据国家卫生健康委员会发布的《2017年我国卫生健康事业发展统计公报》称，2017 年我国居民人均预期寿命达 76.7 岁，婴儿死亡率下降到 6.8‰，孕产妇死亡率下降到 19.6/10 万，我国居民主要健康指标总体上优于中高收入国家平均水平。

　　一个事实是，随着我国人口老龄化程度加剧，人们对各种风险的关注，开始更多从过去的死亡风险转向养老与健康风险，承保生存风险的养老金业务需求攀升。

本章主要内容包括：
➤ 养老年金的实际效用
➤ 个人养老保障管理产品
➤ 如何购买税延养老险
➤ 住房反向抵押养老险
➤ 值得期待的长期护理险
➤ 方兴未艾的养老社区

国家卫健委预测，到 2020 年，我国 60 岁及以上老年人口将达 2.55 亿左右，占总人口的 17.8% 左右，这让我国现行养老金体系面临严峻挑战。从人类发展的自然规律来看，每个人都会面临养老问题，用商业保险补充养老金是必然趋势。

根据国外经验，个人退休账户 (IRA) 已成为美国养老体系的最重要部分。IRA 是美国由联邦政府通过税收优惠支持的，个人可自愿参与的补充养老金计划。设计之初，联邦政府希望 IRA 计划能够为未被退休计划覆盖的人群提供保障，同时对雇主发起的年金计划起到补充。

IRA 计划具有税收递延、自主灵活、收益稳健、制度透明等特性，且只对参与者年龄有要求，对企业年金制度起到了强有力的补充。截至 2017 年末，IRA 计划资产规模达 9.2 万亿美元，远超过企业年金 7.7 万亿美元的规模，成为美国最大的养老金计划。

由于商业养老保险在我国的养老体系中长期缺位，人们对于养老险的认同度也较低。值得期待的是，一方面，政策引导有利于提升商业养老险的市场竞争力，激发养老险需求；另一方面，保险公司也积极加大产品开发和销售力度，增加了个人商业养老险的供给。在此背景下，有哪些商业养老险创新值得期待呢？

相对于重疾险、医疗险、寿险这些居家必备的保障大类，养老险兼具保障和理财属性。

本章第 1 节重点解析养老年金的效用，虽然如今人们对商业养老险的认识逐渐提高，但从具体的保险供给看，主导的养老年金主要起还是到"锦上添花"的作用，尚不能满足急需扩大的市场需求。

第 2 节挖掘的是一款容易被市场忽略的"纯理财"保险产品，目前由专业的养老险公司开发。个人养老保障管理产品属于资管新规下的"漏网之鱼"，是目前市场上为数不多的短期理财产品，且在收益率上颇具吸引力。

历经十年，税延养老险产品终于落地，作为一款具有政策红利的保险产品，税延养老险一经推出就引来市场的极大关注。税延养老险是选稳健，还是保守？第 3 节将具体介绍目前的税延养老险方案，手把手教你怎样投保税延养老险。

在养老险创新政策中，除了税延养老险之外，"以房养老"在全国范围推广是另一大热点事件。传统的"居家养老""养儿防老"观点根深蒂固，你会选择"以房养老"吗？第 4 节将就这一问题展开深入探讨。

此外，近年来保险公司对商业养老保险还有不少创新产品，比如仍处于试点阶段的长期护理险，与养老社区结合的高端养老险，这些新生事物将在第 5 节和第 6 节中为读者一一介绍。

4.1　养老年金的实际效用

4.1.1　保守的保险理财方式

养老保险是一种强制储蓄型的保险产品，达到年龄领取养老金的多少，取决于年轻时的经济能力，以及希望在衰老时享受到的生活品质。从预期收益率的角度而言，养老险是一种非常保守的理财方式，对于年轻人来说，养老保险属于基础保障之上的进阶保障。

在养老险之前，年轻人往往被代理人优先推荐重疾险、意外险等品种，这一方面是由于相对其他保障需求的必要性，养老险的一部分需求还可以被社保覆盖；另一方面，由于产品设计单一，难以满足多样化的市场需求，我国的商业养老险发展还相对滞后，而造成这一局面的主要原因，是消费者认知不够、专业化经营水平不足和缺乏相关政策支持。

传统的养老年金产品，是到约定年龄开始每年领取一定的保险金，金额固定、保障明确。不过，此类养老年金产品普遍面临收益率水平较低等问题，更多地起到强制储蓄的功能。

从最近几年的情况看，在银行网点热销的理财产品中，快速返还的年金产品往往会是理财经理们最爱推荐的品类之一。从缴费时间看，银保渠道的年金保险目前的缴费时间多在 3 年、5 年，保障期间为 10 ～ 50 年。

55 岁的安先生是一家外贸企业的高级管理人员，年收入在一百万元左右，且公司发展较为稳定，从企业在中国的业务发展势头来看，安先生的收入有望继续提升。一次在银行办理业务的时候，理财经理根据安先生的收入情况，推荐了一款年金保险。

经过慎重估算，结合自身情况，安先生选择了年缴保险费 50 万元，3 年缴费共计 150 万元，15 年保险满期。5 年后，在安先生即将退休之际，所购买的年金保险开始给付年金，此时安先生可选择每年领取

买保险就这么简单

73500 元，作为年度体检津贴等用途，也可以每月领取 6248 元作为生活费补助。养老金将持续发放至安先生 69 岁，到 70 岁时满期将一次性返还全部已交保费 150 万元。

交费周期短、交费金额高，从上述年金保险这种产品设计来看，更多的是起到"锦上添花"的作用，并不适用于经济实力较低的年轻人群补充养老金的需求。从实际收益率来看，假设安先生领取生存金到 70 岁，计算实际收益率是 4%，低于银行五年期定存利率 4.75%（每年会有变动）。

值得注意的是，不同的年金保险产品设置，对应的长期收益水平有所不同。下面，以某款香港储蓄计划为例。

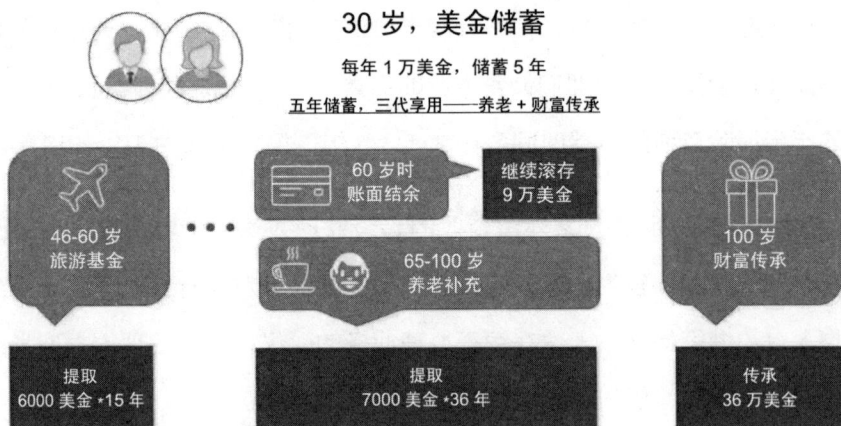

30 岁，美金储蓄

每年 1 万美金，储蓄 5 年

五年储蓄，三代享用——养老 + 财富传承

46-60 岁
旅游基金

60 岁时
账面结余

继续滚存
9 万美金

65-100 岁
养老补充

100 岁
财富传承

提取
6000 美金 *15 年

提取
7000 美金 *36 年

传承
36 万美金

NEW：受保人可更改两次，将来可以转为孩子或孙子持有，继续滚存至新受保人 100 岁。

● **某香港养老储蓄计划宣传资料**

备注：内容来自公开信息。

假设消费者 30 岁,每年交费 1 万美元,交 5 年。在消费者 46 ~ 60 岁时,每年可以提取 6000 美元,作为消费者的旅游基金,总计提取 6000 美元 ×15 年 =9 万美元;

在消费者 65 ~ 100 岁时,每年可以提取 7000 美元,作为消费者的养老补充,总计提取 7000 美元 ×36 年 =25.2 万美元。

"活得越久、领得越多",是这款养老储蓄计划的一大特点。

以实际收益率计算,在消费者 54 岁时,这款养老储蓄计划的实际收益率开始由负转正,在消费者 55 岁时,对应的实际收益率是 2.49%,到消费者 58 岁时,实际收益率与目前市场保守收益率水平相当,实际收益率可达 5.25%。此后,随着每年继续能领取一定的生存金,对应的实际收益率水平开始节节攀升。

根据这款养老储蓄计划设置的领取时间,对于消费者前期交纳的费用,强制储蓄的期限要长达 30 年以上。这也意味着,从理论上来说,这一笔多达 34 万元的费用,应该是消费者家庭中长期闲置资金,而不能用作其他临时周转的需求。

举个简单的例子,私营业主褚先生在 30 岁时进行了上述储蓄,此后几年遇到经济下滑,企业面临融资难题。在褚先生 35 岁时,受大环境影响,公司出现回款困难,资金链断裂,褚先生不得不四处寻求流动资金以求东山再起。在退储面临巨大损失的情况下,褚先生只能另想他法,通过民间借贷等方式填补资金缺口。而褚先生借款资金 30 万元,贷款的利率高达 15% 以上。

那么，在这种情况下，褚先生要在未来多少年继续领取年金，最终才够覆盖这笔资金的成本呢？

简单计算这款产品的实际收益率就会发现，消费者在 90 岁时还能继续领取年金，对应的实际收益率水平约为 9.99%。

虽然上述情况属于极端案例，但也从另一个角度看出，消费者购买保险后可能遇到资金需求的一类真实情况。强制储蓄属性的另一面是缺乏流动性。作为备用的资金安排，比如给家里无保险的老年人防病治病，动用这样一笔资金也可能有类似的结果。

4.1.2 "1 元养老险"背后需求暗涌

在某平台上，一款商业养老险吸引了不少网民的关注。该产品以"1 元起投，随时投保"作为卖点，降低了养老险的投资门槛，打破了传统定期定额的投保方式。

到了"上有老、下有小"的年纪，在一个设计研究院任职部门主管，今年 35 岁的程程恨不得把每分钱都掰成两半花。刚给孩子续交了 18000 元的课外班费用，自己的重疾险和定期寿险又到了每年缴保费的时候。因为和老公的每月收入固定，又没什么额外收入，各项开支像一个个水龙头，再多拧开一个都让程程倍感压力。

当看到上述所谓的"1 元养老险"之后，程程的第一感觉是，再给自己投一款养老险未尝不可。其实对于很多人来说，并不是没有养老险的投保需求，而是在家庭开支项目越来越多的重压中，养老险被排在了第 N

位，在预算不足的情况下，很多时候只能被放弃了。

那么，从产品本身的收益率来看，1 元养老险值得购买吗？

目前，这款 1 元养老险产品已经在某保险平台上线。个人观察，其收益大致分为两部分：一是按照固定比例领取的养老金；二是根据保险公司投资收益情况进行的分红。

以程程今年 35 岁为例，1 元投保的利益演示显示，以本次投保金额 1 元来看，如按程程活到 80 岁计算，累计可领取金额是 5.11 元，其中累计养老金 1.8 元，年化收益率是 7.2%；累计分红是 3.31 元，年化收益率是 13.2%。不过，后者的年化收益率是以高档收益演算得到的，仅作为投资参考。

"1 元养老险"对消费者而言，相当于个人保险账户里也有了个"余额宝"。不图大赚，但求稳定，已成为当下大多数消费者的首要目标。个人认为，此类养老险产品创新能否被市场认可，尚待时间检验。

4.2　个人养老保障管理产品

4.2.1　养老险公司专属理财产品

老汪是一位资深股民，因为每天接触财经新闻，投资理财意识比较强，对于理财方面的信息比较关注。

一次，他在某理财平台上搜索理财产品时，看到一款个人养老保障管理产品。对此类产品，他觉得比较新鲜，但拿不准个人养老保障管理产品是不是保险。为了彻底搞清楚，他查阅了大量资料。

弄懂了基本情况后，他还有一个疑虑：与一般短期理财产品相比，这种产品的投资期限同样较短，预期收益率处于中等偏上水平，如果投资会不会有风险？为了解决老汪的这些问题，下面，我们来详细了解一下此类产品。

根据《养老保障管理业务管理办法》（保监发〔2015〕73号文），养老保障管理业务，是指养老保险公司作为管理人，接受政府机关、企事业单位及其他社会组织等团体委托人和个人委托人的委托，为其提供养老保障以及与养老保障相关的资金管理服务，包括方案设计、受托管理、账户管理、投资管理、待遇支付、薪酬递延、福利计划、留才激励等服务事项。

从定义上看，养老保障管理产品是一项综合服务。从产品实质来看，养老保障管理产品是养老保险或养老金公司，向个人或机构发售的理财产品，并不具备保障功能。由于没有200人的人数上限及100万元起投门槛的限制，其实质与公募基金类似。

从7日年化收益率来看，在腾讯理财、京东金融等平台上销售的个人养老保障管理产品收益率水平为4.2%～4.9%，同期的货币基金7日年化收益率为4%～4.2%。个人养老保障管理产品能实现更好的收益率，与其投资范围更广直接相关。

以某产品组合为例，产品投向主要是固定收益型资产，包括货币基金等货币类资产、央行票据、银行定期存款、国债、协定利率、债券、债券回购、债券基金及债券型保险产品、商业银行理财产品、信贷资产支持证券、信托公司集合资金信托计划、证券公司专项资产管理计划、保险资产管理公司基础设施计划、不动产投资计划和项目资产支持计划等。超出一般公募基金，个人养老保障管理产品还能投资非标和未上市股权等。

对于普通消费者而言，除了能在第三方理财渠道购买个人养老保障管理产品，还可以在各家养老险公司官网购买。

经过上述深入分析，相信老汪关心的问题已经有了答案，至于如何选择，就要看他对于产品的收益预期和自身经济实力了。

4.2.2 "中低"风险的优选理财

2015 年后，随着市场利率的不断下行，以万能险为代表的一些理财险产品不断调高收益率水平，个人养老保障管理产品在当时的年化收益率最高达到了 7.5%。到了 2018 年，随着银行存款、理财产品利率不断下降，市面上个人养老保障管理产品的年化收益率仍能达到 4.6% 上下，高于货币基金的平均水平。

个人养老保障管理产品分为开放式和封闭式。开放式、开放式混合型个人养老保障管理产品的申购起点为最低 1000 元，由于产品具有"门槛低、流动性强"的特点，在市场上的理财产品中颇具有竞争力。个人养老保障管理产品一般无申购、赎回费用，投资成本低，到期无须提交赎回申请，兑付资金在到期后 1 个工作日内到账，因此受到部分人的追捧。下面是几款养老保障管理产品的对比。

几款个人养老保障管理产品对比

	A 产品	B 产品	C 产品	D 产品
起投金额	1000 元	1000 元	1000 元	1000 元
定开期限	灵活存取	1 个月	1 个月	45 天
近 7 日年化收益率	4.36%	4.53%	4.61%	4.25%
费用	管理费 0.44% 托管费 0.04% 投资管理费 0.12%	管理费不超过 5%	日常管理费率为 0.60% 托管费率为 0.02%	固定管理费年费率 2% 基本管理费年费率 1.5% 托管费 0.05% 销售服务费率 1% 投资咨询顾问费 3%
投资范围	流动性资产 5%～100% 固收 1%～190% 不动产、其他 0%～20%	流动性资产不低于 5% 权益类资产 0%～60% 不动产、其他 0%～30% 投资组合债券正回购不超过 35%	流动性资产 5%～100% 固收 0%～190% 不动产、其他 0%～30%	权益类 0 固收 0%～135% 流动性资产 5%～100% 不动产、其他 0%～75%

备注：表格内容来自公开信息。

　　个人养老保障管理产品之所以在市场理财产品颇具竞争力，原因在于能对非标资产"长拆短""大拆小"。其实，资管新规规定，非标期限不得长于产品期限，上述四款产品均涉及非标资产投资，产品期限在 45 天之内。

　　资管新规还规定，封闭式产品方可投资于未上市公司股权，且股权期限不得长于产品期限。由于资管新规未规范养老险公司、养老金机构，因此不在监管范围。个人养老保障管理产品也有股权"长拆短"之嫌。

虽然相关养老险公司将个人养老保障管理产品评估为中低风险产品，但在资产投资期限不匹配的情况下，消费者仍有可能面临一定的投资风险，对此必须有清晰认识。

比如某产品组合提示，个人养老保障管理产品投资品种安全性高，收益稳健，但产品投资运作过程中仍可能面临各种风险，包括但不限于市场波动风险、信用风险、利率风险、流动性风险、操作风险、政策风险以及战争、自然灾害等不可抗力导致的养老保障管理基金财产损失。

比如，某款保险公司个人养老保障管理产品在说明投资运作中的风险时称：例如投资的债券或信托产品发生违约，不能偿付，可能产生亏损；多数消费者同时赎回时，产品短期内需要大量现金兑付，集中抛售债券，可能产生亏损。

作为浮动收益、低风险的产品，消费者在购买个人养老保障管理产品前需要进行风险测评，需要达到保守型等级才能购买。

值得一提的是，即便有的产品号称低风险，并不代表无风险。投资者在购买此类产品时，建议对自己的风险承受能力有一个充分的评估和准备。

4.3 如何购买税延养老险

4.3.1 怎样选择适合自己的组合

从2018年6月开始，上海、福建（含厦门）、苏州工业园区的消费者，率先享受到了税延养老险这个政策红利。根据试点要求，月收入大于等于 16667 元的职工，每月最多可税前抵扣 1000 元，月收入在 16667 元以下的，可税前抵扣月收入 ×6%。

根据试点规定，对个人达到规定条件时领取的商业养老金收入，其中 25% 部分予以免税，其余 75% 部分按照 10% 的比例税率计算缴纳个人所得税，税款计入"其他所得"项目。

所谓税延型养老保险，是指投保人在税前列支保费，等到将来领取保险金时再缴纳个人所得税，这样可降低个人的税务负担，提高将来的养老质量。

理论上看，以一个上海市职工税前月收入 2 万元为例，由于高于 16667 元的界限，最多可税前抵扣 1000 元。假设每月都是 1000 元总共延税 20 年，对应合计延税收入 1000 元 ×12 个月 ×20 年 =24 万元，退休后领取 75% 的养老金以 10% 的税率纳税。

对保险产品一向很有研究的杜涛，对税延养老险政策一直比较关注。他注意到，政策落地后一个多月时间，试点保险公司就纷纷推出相关产品。税延养老保险产品包括 A 类（固定收益）、B1 类（月度结算收益保底）、B2 类（季度结算收益保底）与 C 类（浮动收益）。

目前，保险公司均有 A 类、B1 类产品。而 C 类产品是投资连结类保险，由于此类险种考验保险公司对资本市场的投资能力，每天公布净值，对于公司系统、投资能力以及销售风控把控的挑战都非常大，目前一些公司对 C 类产品总体较为审慎。

据中国证券网 2018 年 6 月报道，消费者应综合考虑自身个性化需求、风险承受能力、当时经济状况、所处年龄阶段等情况自有搭配组合产品。比如，年轻人可以配置收益保底型产品（B1、B2 款）为主，适度配置收益浮动型产品（C 款）；年长者以配置收益确定型产品（A 款）、收益保底型产品（B1、B2 款）为主，不建议配置收益浮动型产品。此外，根据政策规定，55 周岁以上不得购买收益浮动型产品（C 款）。

以杜涛的个人情况为例，对税延养老险的特点进行讲解。

杜涛今年 30 岁，税前月收入是 20000 元。用税延计算器测算收益后，他选择了 A 款、B1 款账户资金各 50% 组合，现在每月投保 1000 元，60 岁后税后实际领取养老金金额为 3684 元 / 月，合计省税金额约 10 万元。

然后，他选择了 B1 款、B2 款账户资金各 50% 组合，则现在每月投保 1000 元，60 岁后税后实际领取养老金金额为 4751 元 / 月，合计省税金额约 13.5 万元。

C 款产品为收益浮动型，监管要求不进行利益演示。

目前，已获批的税延养老险产品之间尚难拉开较大差距。保证收益方面，以 B 款养老年金保险为例，已报批产品的险企均给出 2.5% 的保证利率。多家险企在 A 款产品保证利率的设置上分为 3.5% 与 3.8% 两大阵营，但保证利率高的公司所收取的初始费用也相对更高，为 1.5%，其他公司则只收取 1%。

A 款税延养老险费用情况

A 款（收益确定型）							
公司	新华保险	中国人寿	太保寿险	泰康养老	平安养老	太平养老	中信保诚
保证利率（按年）	3.5%	3.5%	3.5%	3.5%	3.5%	3.8%	3.8%
初始费用	每笔保险费的1%	每笔保险费的1%	每笔保险费的1%	每笔保险费的1%	每笔保险费的1%	每笔保险费的1.5%	每笔保险费的1.5%
产品转换费用 · 公司内部转换	0%						0.5%
产品转换费用 · 其他公司转至该公司	0%						
产品转换费用 · 该公司转至其他公司	第1～3个保单年度相应为3%、2%、1%，第4个保单年度起为0%						

备注：表格内容来自公开信息。

B1 款税延养老险费用情况

B1 款（收益保底型，每月结算）							
公司	新华保险	中国人寿	太保寿险	泰康养老	平安养老	太平养老	中信保诚
保证利率（按年）	每个结算日结算时，根据公布的结算利率结算产品账户利息，对应的年利率不低于 2.5% 的保证利率						
初始费用	每笔保险费的1%						
产品转换费用 · 公司内部转换	0%			0.5%			
产品转换费用 · 其他公司转至该公司	0%						
产品转换费用 · 该公司转至其他公司	第1～3个保单年度相应为3%、2%、1%，第4个保单年度起为0%						

备注：表格内容来自公开信息。

B2 款税延养老险费用情况

B2 款（收益保底型，每季度结算）					
公司	新华保险	中国人寿	太保寿险	泰康养老	中信保诚
保证利率（按年）	每季度对上季度该类保险业务进行核算，如确定有红利分配，则根据该类保险的实际经营状况确定分红水平并进行红利分配，并将分配的红利等额计入产品账户价值参与下一次保单分红，保单红利是不确定的				
初始费用	每笔保险费的 1%				
产品转换费用	公司内部转换	0%			0.5%
	其他公司转至该公司	0%			
	该公司转至其他公司	第 1～3 个保单年度相应为 3%、2%、1%，第 4 个保单年度起为 0%			

备注：表格内容来自公开信息。

C 款税延养老险费用情况

C 款（收益浮动型）				
公司	太保寿险	平安养老	泰康养老	中信保诚
保证利率（按年）	根据投资账户的投资策略决定相应的投资组合，投资账户风险完全由消费者承担			
初始费用	每笔保险费的 0.5%			每笔保险费的 1%
资产管理费	0.5%，可调整，最高 1%		未明确，最高 1%	1%
产品转换费用	公司内部转换	0%		0.5%
	其他公司转至该公司	0%		
	该公司转至其他公司	第 1～3 个保单年度相应为 3%、2%、1%，第 4 个保单年度起为 0%		

备注：表格内容来自公开信息。

由于税延养老险是 2018 年推出的最新产品，目前尚处于试点阶段，无论是对于开发此类产品的保险公司，还是对于普通消费者，都属于新生事物，因此不必过于急躁，可以先观察，待熟悉后再入手不迟。

4.3.2　谁适合投保? 怎么投

杜涛是通过企业组织统一购买税延养老险的。公司人事部门提供一张参保员工清单，以及企业和个人财税信息，员工通过投保 APP 一键确认投保意向就可以完成投保，人事部门不用跟踪或参与后续工作。如果是个人或者员工家属购买，则需要到保险公司官网或者投保 H5 界面投保，然后登陆中国保险信息技术管理有限责任公司平台注册和激活个人账户，下载税延凭证提供给税务机关。

从投保流程而言，消费者只需要五步，即可完成税延养老险投保操作：第一步，录入消费者基本信息；第二步，选择险种配比方案；第三步，完成风险评估问卷；第四步，填写交费相关信息；第五步，提交材料投保确认。

业内人士指出，我国个人所得税实行的是分项所得税制，以单位代扣代缴为主，税延养老保险涉税操作要经历一定的环节，这对企业人事和财务工作也提出了相应的要求。

据了解，在税延养老险试点初期，税务抵扣的流程还在不断优化。对于参保人而言，如果延税的额度每个月都发生变化，需要在 APP 端、PC 端不断改变税延的金额，并在中国保险信息技术管理有限责任公司平台做相应最终的确认。

我国对本国公民、居住在本国境内的个人的所得和境外个人来源于本国的所得征收个人所得税。工资、薪金所得，按个人月工资、薪金应税所得额划分级距，最高一级为 45%，最低一级为 3%，共 7 级。政策明确，对个人达到规定条件时领取的商业养老金收入，征收相当于 7.5% 的所得税率。考虑到账户的投资收益、时间价值与通货膨胀，个人收入越高，个人受惠也越多。

业内人士有观点认为，购买税延养老产品甚至可以降低纳税级数，使得税收优惠大幅提高。以应税收入 13000 元为例，依据超额累积税率，原本超额部分税率为 25%，每月需缴税 1370 元。但购买税延产品后（13000 元的 6% 为 780 元），超额部分的税率降至 20%，每月实际只需缴纳 1189 元个税。

那么，投保税延养老险的人工资水平应至少达到多少？

参照我国现行的个人所得税七级超额累进税率，税率达到 10% 的人群更适合购买税延商业养老保险。这意味着，税前月收入在 5000 元以上（包括 5000 元）的消费群体参保都可以享受到政策红利，政策在中等收入以上的群体中最受欢迎。

根据 2018 年 10 月 1 日起开始实施的新个人所得税法过渡期政策，个税起征点由 3500 元升至 5000 元，个人税延养老保险产品的消费人群也在发生变化。

举例对比：起征点为 3500 元时，如果当前月收入为 1.5 万元，按照 6% 计算，每个月可以延迟缴纳个税 900 元（1.5 万 ×6%），而这意味着节税 225 元（900×25%）。起征点提高到 5000 元后，并且增加了一些抵扣额，那么 1.5 万元工资可适用的税率将变为 20%，节税效果就会降低，会从 225 元降至 180 元（900×20%），节税幅度减少了 20%。

从理论上来看，税延养老险目标人群是月收入 5000 元以上，在实际操作中各家保险公司将目标人群至少定位为年收入 12 万以上，理由是这部分人群相对应的税率也比较高，相对后续 7.5% 的缴税税率，可以获得相对来说较高的税收优惠。

4.4　住房反向抵押养老险

4.4.1　"居家养老" 还是 "以房养老"

几千年来，受诸多主客观因素影响，养儿防老的思维在中国十分盛行。不过，随着社会不断进步，人们物质生活水平大幅度提高，如今，很多老观念开始出现新变化。比如，以房养老的思想慢慢出现。

试点多年后，反向抵押养老保险目前已经在全国范围展开。反向抵押养老保险，也就是我们通常所说的 "以房养老"，是指有房屋完全产权的老年人，将其房产抵押给保险公司，继续拥有房屋占有、使用、收益和经抵押权人同意的处分权，并按照约定条件领取养老金直至身故，老年人身故后，保险公司获得抵押房产处分权。

据《上海证券报》2018 年 8 月报道，"以房养老" 保险不完全是传统意义上的保险产品，它是一种将住房抵押与终身养老年金保险相结合的创新型商业养老保险业务。简而言之，就是通过保险方式"以房产换养老"，是解决老年人"有房产、无现金"问题的有效手段。

不过，从试点情况来看，"以房养老"业务开展并不理想，潜在的市场需求低于预期。在为数不多的保单数中，一线城市北京、上海、广州三地的保单数占总数的 80%。

"以房养老"推广效果不佳，原因是多方面的。从保险公司的角度来看，市场上共识的是，"以房养老保险"产品设计复杂、风险分散机制不完善，属于微利经营，保险公司参与的积极性不高，供给能力和意愿明显不足。而更大的阻力则是老年人的传统观念和消费习惯。

从不少"80 后"网友的观点来看，对于"以房养老"大都抱有抵触心理。"年轻的时候为房子打工背债，老了放低抵押养老，一生都在为别人劳碌。"在被高房价"绑架"的部分"80 后"看来，这种养老方式暂时很难接受。"还不如把房子卖掉租个房子养老。""80 后"小蒋认为，即便是考虑到子女不能赡养的问题，把房子卖掉租个房子养老，剩下的钱还能留给下一代。

不过，情况也不是一边倒。对于能够接受"以房养老"模式的陆先生而言，这种创新的养老模式有独特优势，因为陆先生所希望的养老模式，是可以继续住在自己的房子里，按月领取养老金贴补家用，改善生活品质。

除了传统的养老意识问题，房价涨跌和长寿给付风险也是目前消费者关注的焦点。

有人可能会问，房子价值是不断在变化的，如果自己的房子不断增值，相关产品在设计时会否考虑这方面的因素呢？

事实上，目前的"以房养老"保险产品已考虑到房屋预期增值收益。根据开展该业务的保险公司透露，评估抵押增长价值后，对价值增长部分调增养老金，提前把给付消费者房产预期增值收益因素考虑在内。如果未来房价上涨，抵押房产价值增长全部归属于消费者或继承人。

当然，还有一个令人担心的问题是：如果未来房价下跌，会不会影响老年人取养老金？从目前的"以房养老"保险产品来看，保险公司将承担房价下跌的风险。老人去世后，如继承人不赎回抵押房屋，保险公司将处分抵押房屋、所得用于偿还养老保险相关费用，如果不足，不足部分由保险公司承担；公司在一定限度内承担消费者长寿带来的超额给付。这意味着，保险公司在设计产品的时候，已将房价波动的风险考虑在内。

基于此，个人认为，尽管前期试点成效低于预期，不过在目前房价上涨放缓、趋于稳定的大背景下，对于自有房比重较大的老年人群体而言，"以房养老"为不少人的养老提供了一个新的选择。

4.4.2 谁买了"以房养老"保险

在 A 市有户人家，妻子刘兰英跟老万是再婚，结婚 30 多年两人没有生小孩，刘兰英一直帮着老万抚养前妻的儿子女儿，结果老万先去世，刘兰英还在。谁知道老万去世后，其跟前妻生的几个儿子女儿，把家庭抽屉里面的钱，还有存折全部拿走分掉了。

房子明明是老万和刘兰英结婚之后三、四年才买的，前妻的几个儿女却吵着不让她住。法院判老万的儿女和刘兰英平分，但儿女们就是赖着不给钱。像刘兰英这种又没有退休金，又没有亲生子女的，到老了该怎么办？"以房养老"能提供解决之道吗？

从试点期间的参保情况来看，"以房养老"保险业务尤其适合中低收入家庭、失独家庭、"空巢"家庭和单身高龄老人，尤其是不存在房产继承问题的无子女老人。因此，在判断刘兰英老人是否适合"以房养老"时，情况有些复杂，毕竟与老万的儿女如何先把房子的纠纷解决掉，是一个很难回避的问题。

从需求端来看，随着中国老龄化趋势加剧，家庭代际关系变化，空巢与失独老人增加，市场规模和需求未来预计能稳步增长。

目前，"以房养老"保险的投保年龄须为 60 ～ 85 周岁，若是夫妻双方共有房屋的情况下投保，则双方年龄均须满足投保年龄要求。

据《苏州日报》2017 年 9 月 13 日报道，苏州"以房养老"保险的首单是一对 80 多岁的老夫妇，签约房产的有效评估价值为 60 万元，月领3000 多元。老年人与保险公司签订合同时，双方确定基本养老保险金额，以抵押房产的评估值为基础，同时考虑房屋折旧、预期增值、预期的老年人平均生存年限等，金额一经确定，不能变更。

某款"以房养老"产品费率表显示，60 岁男性投保需要缴纳 26 年延期年金保费，投保年龄越大，保费越高；缴纳年数越短，每月领取的养老金也越高。消费者并不需要以现金形式缴纳保费，而是由保险公司将保费按年计入消费者相关费用账户并累计计息，等到退保或身故时再扣除。同样累计计息的还有每月领取的基本养老金。这两项均按照 5.5% 的复利累计，是最终处置房产时向保险公司支付的大头。

其他费用方面，根据"以房养老"保险现有的条款约定，由保险公司和消费者共同选择和委托具备国家一级资质的房地产评估机构进行房屋评估并出具评估报告，由此产生的评估费、律师费、公证费、抵押费等费用由双方均摊。此外消费者还需承担每年 1000 元的保单管理费，这些费用在消费者每月领取的基本养老金中扣除。

据《21 世纪经济报道》2018 年 8 月报道，"以房养老"保险从消费者投保到最终完成承保、发放养老金的整个过程比较复杂，包括签订投保意向、房产评估、签约、律师调查、抵押登记和公证等多个流程，内外部手续繁多，涉及多个部门和机构，承保周期比较长。

目前，涉足"以房养老"业务的公司十分有限，更多的保险公司参与意愿不高，原因除了前面提到的属于微利经营，还包括法律法规的不完善，涉及房地产、金融、财税等多领域的业务流程和风险管控难度大等多种因素。

4.5 值得期待的长期护理险

4.5.1 国内缺失的长期护理险

如今，医学技术发达，生活水平大幅提高，百岁老人越来越多。但生老病死始终是人类必须面对的自然规律。

现实生活中，无论你是达官显贵，还是普通百姓，一旦上了年纪，就会有行动不便的问题，万一再患病或发生最坏的情况，比如失能了，又该怎么办？不想给家人增加负担，但请专业的人照护所需费用不菲，有没有一种保险可以应对这种情况呢？答案是确定的！这就是长期护理险。

所谓长期护理险，是对患有疾病、失能、认知障碍的老年人，在使用外部护士、治疗师、护理人员等护理服务而产生巨额费用的保障，可有效保障保单持有人和家庭整个的收入和资产，通常保费是以年交或者季缴的方式支付。

根据美国 Genworth 金融集团介绍的经验，美国此类产品理赔主要是依据日常生活的活动量表来判定，包括洗澡、穿衣、如厕、移动、控制大小便以及进食等。如果一个消费者不能完成六项日常生活，保险公司会为他支付请护理人员帮其完成这些日常活动所产生的费用。

在美国，人们会在 50～60 岁购买长期护理险，保单会在 30 年或者更长时间内持续有效。在接受护理方式上，绝大部分人士在家里即可得到护理，有专业人员在客户需要的时候上门提供服务，包括提供辅助护理设施。

当患者情况非常严重时，会直接进入专门护理院接受专业护理，这个阶段的理赔费用非常贵。从接受护理的年限来看，有的人可能有几个月，有的人可能会超过 10 年。总体来说，85%、90% 的人理赔会在三年以内。

从产品来看，长期护理险面临很多挑战。过去老保单的定价经验不足，旧的业务（20 世纪八九十年代初）的保单给保险公司造成了巨额亏损。近年来，美国的长期护理险做了很多优化和调整，这也让公司的发展更加健康。

现在，美国市场只有不到 20 家公司出售长期护理保险产品，已经没有公司在销售终身给付的产品，新产品都设置了一个平均 3 年左右的期限，最长年限不超过 5 年；产品设置了 140 美元 / 天左右的上限，每个月赔付上限是 4200 美元；新产品平均保费在 2700 美元 / 年。

在国内，由于护理保险相对于其他健康险更具储蓄属性，一些保险公司将护理险设计为中短存续期产品，存续期很多不足 5 年。为了防范"短债长投"等风险，2017 年监管部门对中短存续期产品设计、销售加以限制。

2017 年，《关于规范人身保险公司产品开发设计行为的通知》（保监人身险〔2017〕134 号）规定，"护理保险产品在保险期内届满前给付的生存保险金，应当以消费者因合同约定的日常生活能力障碍引发护理需要为给付条件。"

此文发布后，市面上的中短期长期护理险开始逐渐退出市场，以此为主打产品的保险公司产品策略纷纷转向。以此前某家主推中短期长期护理险的保险公司为例，目前公司重点推荐的产品已经转变为重疾险产品。

4.5.2 破解老龄化难题的核心举措

从世界各国的历史经验来看，长期护理需求快速增长，与一个社会的老龄化加速有密切关系，其也是解决人口老龄化的核心举措之一。我国第六次人口普查结果显示，我国 60 岁及以上老年人口中，生活不能自理的比例约为 2.95%，身体不健康但生活能自理的比例约为 13.9%，其他为身体健康或基本健康。

2016 年 7 月，人力资源和社会保障部办公厅发布关于开展长期护理保险制度试点的指导意见，目标是利用 1 ~ 2 年试点时间，累积经验，力争在"十三五"期间，基本形成适应我国社会主义市场经济体制的长期护理保险制度政策框架。

其中，承德、长春、上海、青岛、广州等 15 个城市被纳入首批试点范围。此外，北京的石景山、浙江的嘉兴等一些地方省级城市开始陆续开展试点。此外，还有接近 80 多个城市表达了意愿，开始在前期论证长期护理保险在当地市场的落地。

在 2018 年 4 月的一个高端养老产业论坛上，有业内人士提供的数据显示，在 15 个试点城市，除了宁波、重庆之外，有 13 个城市已经开始了支付的服务。另外吉林和山东是两个重点的省份，在全省范围内开始启动长期护理保险制度。根据相关的最新统计结果，这个制度覆盖超过 4800 万人。

作为最早探索护理险的地区，山东青岛在 2012 年 7 月就开始试点，在参保资格上与德国长期护理保险类似，采取"跟随医疗保险"原则，而在收益方式上借鉴日本，采取仅支付服务，不支持现金给付。

青岛长期医疗护理保险采取了普遍性原则，即所有参保人因年老、疾病、伤残等原因导致人身某些功能全部或部分丧失，老年卧床，生活无法自理的均可以申请享受长期医疗护理保险待遇，没有年龄等方面的限制。

青岛长期医疗护理保险坚持现收现付、以收定支、收支平衡、略有结余的原则。凡参保人接受定点护理机构医疗护理或者接受居家医疗护理照料的美医疗护理费由长期医疗护理保险报销96%，凡参保人接受定点医院医疗专护产生医疗护理费的，则由长期医疗护理保险报销。

在成本控制上，青岛长期医疗护理保险采取总额预付制，即由医保部门对医疗机构进行评估，计算出人均医疗费用，按此人均医疗费用标准向医院预付定额医疗费，如果发生费用超支，超支部分由医院自己承担。

为避免长期医疗护理资源浪费，青岛长期医疗护理保险设定了费用报销比例，参保人接受居家医疗护理照护和定点机构医疗护理需个人承担4%的费用，接受医院医疗专护时需要个人承担10%的费用。

2016年7月，北京海淀区出台了"居家养老失能护理互助保险"的地方办法，由专业第三方评估机构将老人的失能程度做了四种等级的划分，相应地享受900～1900元不等的服务。

上海市宣布从2017年1月起在徐汇、普陀、金山三个区现行开展试点，60周岁及以上的享受职工养老保险退休人员或居民养老保险人员，可自愿申请老年照护统一需求评估。

经评估护理需求等级为二至六级的，可以由定点护理服务机构为提供相应护理服务，并按规定报销护理费用。先行试点期间，个人和等单位暂不缴费，所需资金由医保结余资金划转；全市试点后，长期护理保险将按照社会保险制度的基本原则，按规定进行筹资。

长期护理保险，是社会发展到一定阶段的产物，作为破解老龄化难题的核心举措之一，未来势必会发挥更大作用。如果想让自己或家人未来某天失能时能够活得体面而有尊严，确实是值得关注的一个产品。

4.6 方兴未艾的养老社区

4.6.1 医养结合的高端养老方式

杨芸是一家外资银行的部门负责人，和爱人在上海打拼多年，攒下了两套房产，加上两人月收入接近五万元，算是典型的白领家庭生活。杨芸是独生女，几年前生下女儿后，退休的父母就从老家过来帮忙照看孩子，与杨芸同住在一起。

随着女儿慢慢长大，杨芸着实费了一番功夫。为了买到学区房，她卖掉了一处位于郊区的大房子，在市区置换了一套只有 60 平方米出头的房子，经过一折腾，日常生活开支加上房贷就超出了 2 万元，女儿的教育开支和父母的养老问题产生了冲突。

看着着孙女长大了，父母提议回老家生活，说是回去和老邻居多聚聚，相约旅游啥的，其实更多的是出于给年轻人减少经济压力的考虑。现在父母身体还算硬朗，年纪再大点或者生个病，身边没人照顾，作为儿女怎么能放心？

杨芸所在的银行有对接养老社区的保险业务，养老社区的服务属于目前比较高端的。对于生活能力能自理的老人，可以提供各种丰富的活动和服务；对于需要护理的老人，可以提供包括失忆等协助护理和临终关怀的专业护理服务。除了能提供居住和生活的服务，养老社区还能提供美食、医疗、健身、娱乐等服务。

趁着周末的时间，杨芸与朋友相约参观了该养老社区。老年公寓的标准间面积不大，考虑到老年人自己不方便做饭，省去了厨房的设计，但其他设施一应俱全，且比较贴近老年人的生活需求，在床头、浴室这些地方还设置有应急电话，可以随时呼叫社区内的护理人员及时前来帮忙。最打动她的是，社区配套的医疗也非常完善。

不仅每个房间都有健康监测设施，可以关注到每一位老人的健康状况，后续还将自建一个以小综合、大专科为特色的 6 万多平方米的康复护理中心，确保入住者不出社区就能看病配药。若老年人有疾病，一些专科的医院就在养老社区周边。

不过，这类高品质的养老社区门槛较高，如果没有购买配套的保险直接去付款的话，一般每位老人的入住门槛是 200 万元。虽然两位老人的退休金加起来有五六千，生活上自给自足不成问题，结合杨芸夫妻的收入，要负担高端养老社区的费用还是捉襟见肘。

与杨芸一起参观的一对老夫妻当即做了决定，打算双双入住养老社区。这对年过八旬的老夫妻退休前都是某高校教授，一对儿女一个从商，一个从政，对父母都体贴孝顺，但平时工作繁忙，有时候一个月都抽不出时间来看望老两口。

2017 年冬天，一次老爷子洗澡时脚下一滑，重重摔倒在地不省人事，老太太心急如焚，一个人却怎么也扶不起老伴来。老太太告诉杨芸，他们一直过得顺风顺水，对自己的美好人生一直感到满意。孩子没让他们操太多心，退休后老两口就经常到国外旅游，跑遍了大半个地球，没想到真的到老了，身体机能退化，处境竟是如此凄惨。

找孩子吧？可孩子们的工作太忙，老两口早就想好了，自己的生活自己过，尽量不给孩子添麻烦；找保姆吧？请一个合意的没那么容易，有的保姆一不开心就给脸色看。所以想来想去，老两口最后决定卖掉房子入住养老社区。

听完老教授的遭遇，杨芸唏嘘不已，谁都有到老的一天，无论你曾经是贫穷还是富贵，提早计划好自己的老年生活，才是明智之举。

4.6.2 保单 + 养老社区模式

近年来，随时人们的收入提高，对养老的需求也日趋多样化，保险公司也紧跟市场特点，探索出了不少新模式，保单 + 养老社区就是其中比较有代表性的模式。

这种高端养老社区采用的是"专属保险产品 + 高端养老社区 + 优质专业服务"的业务模式。除了消费者自掏腰包买下入住权，更普遍的方式是通过购买专属保险产品的方式入住这种高端养老社区。

截至目前，这种高端养老社区除了分布在北京、上海、广州、深圳四大一线城市，苏州、杭州、武汉、成都等地也纷纷出现。此外，一些保险公司还在云南、三亚等地，打造了度假型高品质养老社区标杆项目。这些保单持有者可以选择"候鸟式"的养老方式，享有入住各地养老社区的权利。

对于这种方式，杨芸有些动心，自己以前还没有考虑过养老的问题，但如果真的到了需要别人照护的一天，有这样的养老条件确实是相当不错的。那么，作为与高端养老社区对接的保单，要付出的成本是多少呢？

通过筛选，杨芸看上了一款养老年金保险，该产品投保年龄是 0～65 岁。如果杨芸年交保费 25 万元，交 10 年，基本保额是 15000 元，指定 65 岁开始按月领取。

其中，固定返还的部分是，从 65 岁开始每月领取 15000 元，若一直生存，可以一直领取到 106 岁。此外，该保单还享受保险公司的分红收益，返还及分红部分可自动进入万能账户获得二次增值，目前万能险的收益率是 4.6%，保证收益率是 2.5%。

通过保险与养老社区挂钩，可以锁定居住成本，当杨芸达到了约定的年龄后即可入住该养老社区，用其保险计划每月所领取的养老金覆盖入住成本。作为消费者，杨芸还可以享受保证入住权以及夫妻双方父母的优先入住权。

杨芸的设想是，自己的父母就近住在上海的养老社区，那就再好不过了。从配套的硬件和服务来看，与想象中的设施简陋、缺少护理人员的养老院相比，养老社区的各项条件相当令人满意，从家里过来的路程在 2 小时内，周末看望父母也比较方便。

不过，遗憾的是，因为目前的经济承受能力有限，杨芸最终还是放弃了这种高端养老社区对接的保险产品，对她来说，解决女儿的教育、自己和丈夫的保障问题更是当务之急。

"或许只能到父母年纪大了，辞掉工作到老家陪着父母一起生活吧。"杨芸想，虽然生活质量会有所下降，但压力肯定没有一线城市这么大。

从杨芸的无奈选择来看，高端养老社区虽然好处很多，但因为费用较高，针对的消费群体只是小范围的高收入人群，普通家庭很难享受得到。

第 5 章

投连险

最近几年，随着人们的理财意识增强，加上资本市场行情长期疲软，越来越多的消费者开始转而将目标瞄准了理财型保险，希望在得到保障的同时，还能收获投资收益，其中投连险人气较高。

本章主要内容包括：

➤ 投连险的运作模式

➤ 根据风险偏好选择投资账户

投连险全称为投资连结保险，也称为变额寿险，2000 年前后被引入国内。这种较新形式的寿险产品其奥妙之处在于兼顾保险和投资，迎合了中国消费者既要保障又要赚钱的心理，由消费者完全承担其中的投资风险。

投连险兼具投资和保障功能。作为投资属性极强的一类寿险产品，消费者购买分红险最终获得分红水平有多有少，购买万能险最终的投资收益率是不确定，购买投连险不仅是收益率不确定，还可能产生亏损。由于收益和风险的对等性，消费者也可能享有保险机构专业投资人运作投连险获得的超额收益。

本章所述的投连险侧重于讲解其投资账户功能和收益情况。第 1 节以一张投连险保单来看看投连险具有哪些功能。对于这种保障功能较弱的险种而言，投资账户的特点是什么，更适合什么类型的人投资，扣费的影响有多大；第 2 节则具体从投连险账户的收益率来看不同账户的赚钱能力，对比各类型投连险账户的收益率排名情况，可以看到，类固定收益型账户的收益表现值得关注。

5.1　投连险的运作模式

5.1.1　属于长期投资类产品

叶大姐最近翻出来一张老保单，该保单是 2001 年购买的一款投连险产品，以 20 年的保险期间算来，没几年就要到期了。

从保单信息可以看到，这份投连险的缴费期间是 20 年，每年保费 1260 元，保费总计是 25200 元，保额是 24800 元。从保险责任来看，保单责任显示为身故和全残，赔付"账户价值"和保额二者取大；如果被保人交费期出现"失能"，保单豁免后期保费。此外，保险期满将按"账户价值"给付期满金和 1880 元的特别给付金。

在运作模式上，投连险是把保费分为两个部分：一部分用于购买保障；另一部分进入投资账户。《保监微课堂》对投连险提出建议，虽然"保障 + 投资"是此类产品的一大卖点，但投连险的许多保障风险并没有覆盖到，因此投保前务必要充分考虑自身的保险需求。

以叶大姐投保的产品为例，保额还不足所缴保费。仅有 24800 元的基本保额。此类投连险账户往往以投资为主，身故保险金为投资账户价格的 100%，并没有额外风险保费的收取和保障。在这种情况下，投连险的保障属性主要体现为——可以设置受益人，尤其是对于大资金的高净值消费者，在投保过程中选择指定受益人，可以避免在消费者突发意外的时候，不因设立遗嘱产生财产纠纷等问题。

在投资账户部分，投连险同一个险种旗下设立多个投资账户，消费者可以按照自身的风险承受能力和投资需要，自行选择和转换不同的账户类型。账户区别主要反映在投资领域（如基金、股票、期货、银行存款）帐户资金投资比例不同，导致账户收益和风险存在差异，有利于满足消费者的不同投资选择。

华宝证券以权益投资比例作为分类标准，激进型账户的权益配置比例在 70% 以上，混合激进型比例在 40% ～ 70%，混合保守型投连险账户比例在 40% 以下，增强债券型可投资债券型基金或者少量权益类投资，全债型不投资权益仅投资于债券和货币市场，货币型投资于货币市场比例在 80% 以上，类固定收益型投资范围包括债权计划、不动产计划以及固定收益类信托计划等非标准化资产。

一般而言，货币型、增强债券型、全债型、类固定收益型账户的收益率较为稳健，不同账户间的收益率差异也不明显；激进型、混合激进型、混合保守型账户收益水平则与资本市场表现明显挂钩，不同账户表现差距也较大。

那么，叶大姐投保的产品运作近 20 年，投资收益到底如何呢？从该保单可以看到，叶大姐选择的是一个偏股型的投资账户，从投保至今每年的收益率表现来看，该账户每年波动都非常大。比如，在 2007 年，A 股市场处于牛市，该账户的全年收益率达到 52.14%，不过，随着 2008 年牛转熊，该账户的收益率也急速下降至 −16.54%。

投连险属于一种长期投资类产品，个别年份的收益率水平并不能准确衡量投连险真实的收益率。这意味着，购买投连险要想取得更高的收益水平，需要选择合适的买卖时点，对于一般消费者而言，拉长投资期也可以有效平滑资本市场短期波动的影响。

5.1.2 了解投连险的扣费影响

一张投连险保单最终的收益水平除了与实际账户收益情况相关，还有

买保险就这么简单

一个重要的因素，就是投连险扣费。投连险的费用包括初始费用、资产管理费、账户转换费用、退保费等。

初始费用是消费者所缴的保费在进入投资账户前扣除的那部分费用。不同保险公司和产品对于初始费用的扣除方式设置是不一样的，以某保险公司的一款投连险为例，对于初始费用的规定是在收到保费后一次性扣除 1.5%（当次交费金额 <100 万元）、1.3%（100 万元 ≤ 当次交费金额 <500 万元）、1%（当次交费金额 ≥ 500 万元）。

资产管理费是按照账户资产净值的一定比例收取。一般而言，激进型账户的资产管理费最高，货币型账户的资产管理费最低，资产管理费的比例范围在 0.5% ～ 1.5%。目前，大多数保险公司都是根据账户类型收取不同比例的费用。

账户转换超过一定次数也产生相应的账户转换费用。以上述投连险为例，该产品旗下有 6 个可选账户，具体包括 3 个偏股型账户、2 个偏债型账户和 1 个货币型账户。假设消费者预判市场环境回暖，可以办理账户转换为偏股型账户。在 1 个保单年度内 5 次账户转换不收取转换费用，办理转换时自动扣除，连续两次申请投资账户转换的时间间隔应不少于 5 个工作日，超过 5 次会收取 20 元 / 次的转换费用。

如果消费者想要退保，在投保的头几年里要收取一定的退保费用。一般而言，投连险第一年退保收取不超过账户价值的 10% 作为退保费用，此后逐年递减。以上述某公司 A 款投连险为例，退保费用规定在购买后 1 ～ 5 年，收取 1% 的退保费，第 6 年后不收取退保费。

以上一节案例中，叶大姐的保单属于早期投连险产品，初始费用的设置就偏高，按照该保单的标准缴费，在第一年甚至第二年能够进入投资账户的资金都相当有限。

这也意味着，即便消费者投保的时点处于资本市场的上升期，如上述账户在 2001 年、2002 年获得了不错的投资收益水平，消费者在头几年的短期收益率却因扣费而大打折扣。这也从另一个层面上说明，投连险更适合于长线的理财规划，而非快进快出的投资方式。

综上所述，对于消费者来说，在选购投连险的过程中，比较不同产品的费用收取情况也很重要。由于投连险相对于其他保险产品投资属性更强，市场风险更高也更为复杂，所以消费者在购买投连险产品前，要了解保险条款，详细阅读产品说明书，清楚各项费用的收取情况，选择灵活度较高的账户。

5.2 根据风险偏好选择投资账户

5.2.1 投连险账户收益率排名

作为一种理财型保险产品，要衡量一个投连险账户的投资实力，相关产品现在和过往不同时间段的投资收益率水平可以作为参考。

2018 年 6 月，由于资本市场延续跌势，偏股型账户普遍表现不佳。以当月投连险账户收益率排名为例，在华宝证券排名体系内的 206 个账户中有 65 个取得正收益，占比 31.55%，收益率表现整体为正的账户主要有货币型、类固定收益型和债券型账户。

由此可见，消费者可以根据自身的风险偏好选择投资账户。比如，在权益市场表现不佳时期，可以转换为较为保守的货币型、类固定收益型和债券型账户，反之可以转换为激进型、混合激进型、指数型账户，以抓住股市行情上升的红利。在择时的同时，由于偏股型账户收益率的差距十分明显，可能会踩雷赚钱能力不足的偏股型账户。

统计显示，目前约30家保险公司有投连险业务，消费者可以登录各家保险公司的官网查询投连险单位价格，每个账户每天都会对应一个买入价和一个卖出价。买入价是今天购买这个投连产品，投入的钱按今天的买入价折算成份数，如果今天想抛出，按卖出价计算。

以一年为投资周期，在2017年6月至2018年6月，上述206个账户中收益率排名前十的投连险账户分别是泰康积极成长型（26.94%）、北大方正平衡型（18.20%）、泰康创新动力型（16.73%）、恒安标准成长型（16.67%）、民生主动策略型（12.76%）、陆家嘴国泰增长型（10.86%）、恒安标准平衡型（9.60%）泰康进取型（7.32%）、光明财富稳定收益（7.09%）、友邦内需经典组合（6.59%）。除了民生主动策略型、恒安标准平衡型、光明财富稳定收益账户之外，其他均为激进型和混合激进型账户。

投连险账户一年期收益率排名前十

排名	账户	2017年6月至2018年6月	账户类型
1	泰康积极成长型	26.94%	激进型
2	北大方正平衡型	18.20%	混合激进型
3	泰康创新动力型	16.73%	激进型

续表

排名	账户	2017 年 6 月至 2018 年 6 月	账户类型
4	恒安标准成长型	16.67%	混合激进型
5	民生主动策略型	12.76%	类固定收益型
6	陆家嘴国泰增长型	10.86%	激进型
7	恒安标准平衡型	9.60%	混合激进型
8	泰康进取型	7.32%	激进型
9	光明财富稳定收益	7.09%	类固定收益型
10	友邦内需经典组合	6.59%	激进型

数据来源：《华宝证券研究报告》。

如果换一个投资时间段，得到的收益率结果可能大不相同。假如消费者在 2018 年年初开始投资上述账户，到了 2018 年年中，以单位净值计算，在上述的七个激进型、混合激进型账户中，有一半的账户竟然录得负收益。

对于长期投资者而言，了解投连险的历史抗跌能力，也可以剔除掉风险较大的账户。

以泰康积极成长账户为例，该账户自 2007 年 7 月成立以来，经历了上证指数 6000 点下降至 1600 点，再上升至 3000 点的"过山车"行程。到了 2009 年 6 月，该账户又回到了上证指数 6000 点的水平。该积极成长型投资账户主要投资于股票、封闭式基金、开放式基金以及监管部门批准的其他权益类资产，投资比例为 20% ～ 100%；投资债券及其他固定收益资产的比例为 0% ～ 60%；投资流动性资产的比例不低于 5%。

5.2.2 稳健的类固定收益型投连险

统计显示，在投连险账户一年期收益率排名中，类固定收益型账户占

买保险就这么简单

三个席位。若将统计时间拉长至三年期，在 2015 年 6 月至 2018 年 6 月期间，上述 206 个账户中收益率排名前十的投连险账户分别是泰康创新动力型（85.16%）、泰康积极成长型（79.89%）、华泰进取型（39.30%）、北大方正平衡型（33.92%）、弘康价值精选型（20.18%）、弘康平稳增利型（20%）、弘康增利 180（18.76%）、恒安标准成长型（17.99%）、光明财富稳定收益（17.98%）、光大永明优选（15.53%），其中，有五款产品属于类固定收益型账户。

肯定有读者朋友感到好奇，类固定收益型账户的投资标的是什么？为什么能实现稳健的投资收益？

所谓类固定收益型账户，即账户投资范围包括债权计划、不动产计划以及固定收益类信托计划等非标准化资产，一般不包括股票、股票型基金、期货等高风险产品。

投连险账户三年期收益率排名

排名	账户	2015 年 6 月至 2018 年 6 月	账户类型
1	泰康创新动力型	85.16%	激进型
2	泰康积极成长型	79.89%	激进型
3	华泰进取型	39.30%	激进型
4	北大方正平衡型	33.92%	混合激进型
5	弘康价值精选型	20.18%	类固定收益型
6	弘康平稳增利型	20%	类固定收益型
7	弘康增利 180	18.76%	类固定收益型
8	恒安标准成长型	17.99%	混合激进型
9	光明财富稳定收益	17.98%	类固定收益型
10	光大永明优选	15.53%	类固定收益型

数据来源：《华宝证券研究报告》。

对于稳健型消费者而言，由于一般的类固定收益型投资账户不涉及股票等高风险领域的投资，与激进型账户业绩分化相比，类固定收益型账户整体收益率水平表现较为稳定，不必承担太大的波动风险。

与激进型账户业绩分化相比，类固定收益型账户整体收益率水平表现稳定。2017 年 6 月至 2018 年 6 月，33 个类固定收益账户中仅 3 个亏损（包含上市权益资产投资），平均收益率在 4% ～ 5%。

投连险能取得较高的收益率水平，得益于过去几年监管放开投连险非标投资限制。投连险账户资产配置范围包括流动性资产、固定收益类资产、上市权益类资产、基础设施投资计划、不动产相关金融产品和其他金融资产，这为类固定收益型投资账户的投资提供了更加广阔的空间。

从类固定收益型账户的收益率水平来看，光大永明和弘康人寿两家账户表现较好。这两家保险公司在 2014 ～ 2015 年开始发力"投连险 + 互联网 + 投连险"模式，正是凭借上述类固定收益型账户快速扩张了保费规模。

2017 年以前，上述两家公司在互金平台上销售的投连险产品相对于其他理财产品收益更高，且流动性也非常高，锁定期通常小于 365 天，因此一经推出即被抢购一空。

比如弘康人寿在 2016 年推出的投连险产品，锁定期分别为 1 年、半年，历史年化结算利率高达 5.8%、5.6%。以该产品旗下的类固定收益账户为例，账户资产配置比例为：银行存款等流动性资产不低于账户价值的 5%；上市权益类资产的比例为账户价值的 0% ～ 25%；债券、债券回购等固定收益类资产合计占账户价值的比例为 0% ～ 90%；基础设施投资计划、不动产相关金融产品的比例为账户价值的 0% ～ 45%；基础设施投资计划、不动产相关金融产品及其他金融资产的投资余额合计不高于账户价值的 75%，其中单一项目的投资余额不超过账户价值的 50%。

不过，随着 2016 年投连险纳入中短存续产品范围，此前激进发展类固定收益型投连险的保险公司开始收缩规模，相关平台上的投连险产品数量也不断下降。

虽然诸如光大永明、弘康人寿等公司的相关投连险规模不断收缩，但对于此前没有发力类固定收益账户的保险公司，此类产品仍有一定的销售空间。目前，一些险企在公司官网上仍有相关产品在售，如在 2018 年中期，某第三方平台上还在销售的一款投连险显示，产品历史年化投资回报率 5.7%，1000 元起售。

上述产品旗下的三个类固定收益账户稳健型、保守型、成长型的资产管理费分别均为 1% ～ 2%，第 1 保单年度退保费用为下一资产评估日账户价值的 3%，1 年后无手续费领取。

需要注意的是，也有一些类固定收益型账户涉及高风险的投资标的。比如某家保险公司官网销售的投连险，旗下有两个类固定收益型账户，分别为 1 号、2 号，从 2017 年的收益率来看，两款产品 2017 年分别录得 5.55%、9.22% 的实际收益率。由于上述账户含有上市权益资产类投资，在资本市场持续疲弱的 2018 年上半年，查阅上述账户的投资收益率可以看到，2 号账户上半年实际亏损 12.22%。

根据个人经验，购买投连险时如下几点值得注意：

第一，不要把鸡蛋放在一个篮子里，可将资金一部分分散在基金账户中、一部分分散在国债账户中。

第二，必须评估自身风险承受能力，再结合不同账户的风险特征进行选择。

第三，投连险不是股票，不能有赌性，即不应盲目追求高收益，应设定合理的回报预期。

第6章

万能险

○───────────────────────────○

　　2016 年的"万（万科）宝（宝能）大战"，除了将万科与宝能的股权之争推上舆论的风口浪尖，并演变为当年中国金融市场的热点事件，还带火了万能险，让这一险种开始进入大众视野。

　　事实上，万能险也是理财属性较强的一个险种。与投连险有些类似的是，万能险产品都设有保障账户和一个单独的投资账户。消费者所交的保费除去初始费用账户管理费等交给保险公司的费用之外，剩余的保费会被分成两部分，一部分用于保险保障，而另一部分用于投资。

　　不同的是，相对于投保投连险的消费者风险自担，万能险是有保底收益的，风险分摊方式为消费者和保险公司共担。

本章主要内容包括：

➤ 万能险并不是万能的

➤ 从"开门红"附加险到主险

➤ 从万能险结算利率看保单收益

近年来，万能险因举牌上市公司，在资本市场上广受关注，并引起监管部门的高度重视，甚至出台了系列监管政策。一夜之间，万能险成了激进模式的代名词，其实万能险并非生来如此，国内保险公司发展万能险也包含了较为稳健的经营模式。从保险属性来看，万能险既不像一些消费者理解的那样"万能"，也不是所谓的"洪水猛兽"。

本章第 1 节主要讲述万能险不同于传统寿险的属性，正是基于这些特点，近年来一些保险公司将万能险设计为高现价的形式，快速赚取保费收入。

第 2 节主要介绍最近几年里，保险公司"开门红"产品形态的演变。对于其中万能险的部分，保险组合是通过将年金产品的领取部分存入万能险账户，以获得账户增值的收益，虽然从附加险转为主险形态，但万能险发挥的功能没有变化。保险公司"开门红"产品设计复杂，本节以案例的形式拆解此类保险组合的槽点在哪，帮助消费者做出投保决策。

第 3 节统计了目前各家保险公司万能险账户的结算利率情况，显示目前经营高收益的万能险不少仍维持较高水平，对持有结算利率下降的万能险保单的消费者给出进一步的投资建议。

6.1 万能险并不是万能的

6.1.1 有保底收益的理财险

说起万能险，不少消费者都对这一险种有误解，尤其对其中的"万能"两个字期望过高，也搞不清楚到底指的是什么。事实上，万能险的"万能"并非体现在保险的范围上，而是体现在兼具投资和保障双重功能，是一种缴费灵活、保额可调整、非约束性的寿险。

根据中金证券 2016 年 7 月发布的研究报告，在高通胀和高利率的 1979 年，美国首次推出万能寿险，以防止保险公司收入的下滑。

而在此前，比如定期储蓄存单（CD）的年利率高达 12%，原本计划购买终身寿险的消费者，反而倾向于选择较低价的定期人寿保险，再将终身寿险和定期保险的差价用于投资获利。

万能险拥有传统寿险的功能，保单的现金价值可以随利率变化而变化，能在一定程度上起到抵御通货膨胀的效果，加上缴费灵活与保障可调等特点，万能险一经推出就受到了市场的青睐。直到 2000 年，中国才推出第一款万能险产品。

从收益率角度来看，万能险会有最低的保底收益，通常为 1.75% ～ 3.5%，投资风险由保险公司和消费者共同承担的。而投连险的收益率是没有保障的，保险公司在收取资产管理费后，所有的投资收益和投资损失是由消费者承担的，消费者在获得高收益的同时也承担投资损失的风险。从这一点来说，万能险是比投连险相对更为保守的理财产品。

万能险账户的投资运作以每月结算利率为准。在每个月的一个固定时间，各家有万能险业务的保险公司会在自家官网上披露结算利率。在这里要提起另一类保险理财产品——分红险，分红险的收益来源是保险公司的可分配盈余，与万能险相比，收益没有那么透明。

6.1.2　昙花一现的高现价万能险

不同于传统寿险，万能险缴费灵活，保单持有人可以任意选择和变更交费期。一些保险公司开始推出短期内退保免费的万能险，引导消费者仅选择投资功能，放弃保障账户的保险功能。

根据海通证券 2016 年发布的研究报告，2016 年以前，国内保险公司的万能险主要分为三类：高现价万能险、附加账户型万能险和传统期交型万能险。后两种业务模式主要是传统保险公司经营，发展相对平稳健康。

2012 ～ 2015 年，一批中小型保险公司开始推出高现价万能险。所谓高现价万能险，即万能账户在保费进入账户后的第二年就高于已缴保费。保单持有人即使退保也有收益。产品名义上为 3 ～ 5 年负债久期，但这类保单往往实际久期为 12 个月。随着产品的结算利率不断飙高，在这一段时期，万能险爆发式增长。

不少中小型保险公司依赖高现价万能险实现快速冲规模，将万能险作为"低成本"融资工具，市场份额大幅提升。从资产端来看，2012 年开始的险资运用市场化改革显著提升了保险公司的投资收益率，为"资产驱动负债"激进模式创造了条件。

高现金价值的万能险凭借着"高收益、低风险、低门槛"等特征，化身为互联网销售的"超级理财产品"。在"资产配置荒"及投资收益率下行的背景下，万能险资金开始频繁举牌二级市场股票，以获取丰厚的账面利润和投资收益率。

2015 年下半年，险资举牌潮出现后，监管部门对于万能险的监管逐步趋紧，万能险被频频点名。原因在于，"万能险 + 激进投资"的"资产驱动负债"发展模式可能带来短钱长配、利益输送等风险。

从 2015 年 12 月开始，原中国保监会从资产配置审慎性监管、保险资金运用内部控制管理、举牌上市公司股票的信息披露、规范中短存续期人身保险产品等多个方面，对万能险实施了更加严格的监管。

此后，高现价万能险开始逐渐淡出历史舞台。在监管新政下，平台类的保险公司面临保费和增资的双重压力，偿付能力接近监管红线，高现价万能险规模逐渐缩减。目前，消费者在银保渠道及互联网平台上，已经很难看到高现价万能险了。

业内人士认为，"资产驱动负债"激进模式的终结，有利于传统保险公司的价值经营。与高现价万能险不同，传统保险公司经营的保障型万能险相对偏重保障，具有保险金额高、前期扣费高、投资账户资金少、前期退保损失大等特点。

对于普通消费者而言，若能理性投保万能险产品，还能获得 1.75% ～ 3.5% 的保底收益率，不失为一种稳健的投资方式。因为万能险均设定一定的保底收益率，高于保底收益以上的部分，保险公司和投资人可按一定比例分享。

2015 年之后，万能险最低保证利率完全市场化，评估利率上调至
3.5%，提升了万能险产品在市场上的吸引力。根据相关规定，万能险最
低保证利率不高于 3.5% 时仅需要备案，而高于 3.5% 的需要审批。评估
利率的上调意味着提升了万能险结算收益中的确定性部分，消费者可根据
自己的需求，对产品特点有充分认识后，理性进行投资。

6.2 从"开门红"附加险到主险

6.2.1 "年金＋万能"组合

近年来，大型保险公司"开门红"主打产品形态多为"年金（主险）
＋万能险（附加型）"等产品组合，通过将万能险附加在有生存返还类产
品上，可以使主险的各项生存类保险金自动进入附加万能险账户，以月复
利方式累积增值。附加万能险账户每月公布结算利息利益清晰透明，消费
者可以灵活支配。

比如 2014 年、2015 年开年期间，几家大型保险公司以"分红险＋
万能险"作为主打产品组合。而在 2016 年和 2017 年初，几家大型保险
公司又力推"年金险＋万能险"组合。

以某保险公司的 2017 年的保险组合计划为例，包含年金保险、年金
保险分红型、年金保险万能型（铂金版）等多款产品。消费者可单独投保
年金保险（分红型），也可以按照投保时的需求选择组合年金保险万能型

（铂金版）（即"累积账户"）、两全保险万能型（钻石版）。

与单一销售的高现金价值万能险相比，大型保险公司的万能险产品设计更为复杂。但究其实质，相当于把附加万能险设计成高收益产品，再和返还年金主险组合起来。

随着 2017 年《关于规范人身保险公司产品开发设计行为的通知》（保监人身险〔2017〕134 号）下发，保险公司不能再以附加险形式设计万能型保险产品或投资连结型保险产品。根据规定，"两全保险产品和年金保险产品，首次生存保险金给付应在保单生效满 5 年之后，且每年给付或部分领取比例不得超过已交保险费的 20%。"

在 2017 年四季度、2018 年初，大型保险公司的"开门红"策略也转换为"年金＋万能"双主险形态。新的产品形态在设计上更符合监管要求，但产品储蓄属性未变。

比如某大型保险公司的一款产品为例，将特别生存金从第 1 保单年度末调整至第 5、第 6 保单年度末，给付金额从年缴保费的 30% 提升至年缴保费的 50%，原生存金责任为每个保单年度周年日给付基本保额的 20%，调整为第 6 保单周年日后至祝寿金前，每年给付基本保额的 20%，但祝寿金领取日后每年领取金额上调至基本保额的 30%。

《关于规范人身保险公司产品开发设计行为的通知》也被称为"134 号文"。该文件的实施意味着附加万能险时代的落幕，在新的产品组合下，主险万能将替代附加万能继续发挥起留存资金及二次增值的作用。

据了解，通常情况下，附加险万能通常设计转入保险费无扣费的形式与主险对接，主险年金、分红等现金流直接进入万能账户进行保值增值，但在主险万能下通常会有一定比例的初始扣费。

不过，各家保险公司对此也有应对之策。比如某款万能保险产品规定"对于转入保险费具有 1% 的初始扣费"。但新的产品形态下，通常在第五保单年度后以持续奖金的形式将已收取的扣费返还至保单持有人。因此，对消费者而言，无论是附加险还是主险，获得的现金流不变。

具体而言，上述万能保险产品规定"在第 6 个保单年度周年日按前 6 个保单年度转入保费之和的 1% 发放保单持续奖励并计入保单账户；在第 7 个及之后的每个保单周年日按照该保单年度周年日的前一个保单年度转入保险费的 1% 发放保单持续奖励并计入保单账户"。

6.2.2　万能险组合产品的槽点

2017 年年底，郑先生经朋友推荐投保一款保险公司的"开门红"产品。这款产品主要由两个部分组成，一个是分红型的年金保险，一个是万能型的年金保险。

从产品介绍来开，交费期限可选 3 年、5 年、10 年，再看返还的部分，包括特别生存金、生存金和养老金，分别规定第 5、第 6 年给付保费 50%，第 7 年每年给付保额 20%，65 岁后每年给付保额 30%。若不幸身故，给付所交保费与现金价值较大者。若每年的返还金若不领取，进入万能险账户进行增值。

这款保险组合到底怎么样？个人认为，完全可以拆分开来看。既然是

买保险就这么简单

理财保险，就绕不开计算收益率。

首先，具有返还型功能的年金产品收益情况到底如何？30 岁的郑先生选择了 3 年缴、年缴 10 万元，累计缴保费 30 万元，保额为 14494.43 元。由此，他可以享受的保险利益为：在他 35 岁、36 岁时可以每年领取 10 万元 ×50%=5 万元，共计 10 万元；37 ~ 64 岁每年领取 14494.43 元 ×20%=2898.89 元，共计 81168.92 万元；65 岁至终身每年领取 14494.43 元 ×30%=4348.33 元，收益率水平并不高是这款保险组合的第一大槽点。如果郑先生按年金约定时间领取生存金、养老金，到郑先生 80 岁，计算实际收益率约为 1.9%。当然，这是没有包含分红的收益部分。

根据分红险的约定，是将当年全部可分配盈余的 70% 分给分红险消费者，对于不同的账户的分红水平并不透明，以实际到账金额为准。但现实的情况是，对于保额水平不高、交费年限短的消费者而言，实际分红的金额不必过多期待。分红的多少因具体产品而异，没有具体的参照标准。

再以祝女士 2008 年投保一款分红型年金保险为例，产品为 3 年期缴，年缴保费 1 万元，保单期限为十年，到了 2018 年该保单到期后，显示实际分红为 5345.67 元，以此计算分红部分的实际收益率为 1.8%。加上年金返还部分的收益，祝女士的十年期保单实际收益率仅为 2.6%。

第二大槽点是年金返还的基数是保额，而此类产品的保额是远低于所缴保费的，这也是在销售中消费者容易混淆的地方。在投保时，如果消费者没能仔细阅读保险合同，理解为按照所交保费返还年金，等到实际领取时发现再退保，就会面临巨大的退保损失，因为超过犹豫期退保，仅退还

保单的现金价值，对应现金价值表可以看到，实际能退保的金额是远低于
所缴保费的。

根据该产品的规则，若到期后每年不领取各类生存金、养老金，可以
继续留存在万能险账户中享受继续增值，增值的收益决定于万能险账户的
收益率水平。

假设万能险账户的收益率保持在 5% 水平，在郑先生 80 岁时可以退
保领取现金价值，计算实际收益率 3.5% 左右。不过，万能险的结算利
率水平并不是长期不变的。以最保守收益率来看，这款产品的万能险账
户的保底利率是 1.75%，若长期来看增值账户的收益率保持在这个水平，
将大大拉低最终受益，到郑先生 80 岁时，最低的年化收益率水平约在
1.8%。

这款保险组合的第三个槽点是万能险保底收益太低。从目前几
款"开门红"主打产品看，万能险账户的保底收益普遍不高，整体在
1.75% ～ 3%。

第四大槽点是缺乏保障功能。作为储蓄型产品，这款保险组合在保障
上并没有起到实质性的杠杆效应，虽然保障期间显示为终身，但实际的身
故金只是所交保费与现金价值的较大者。

对于郑先生来说，这 30 万元都放进去，如果家里急需资金怎么办？
若只看到产品的宣传，保单可进行贷款，最高可贷现金价值的 80%。不
过，可贷资金的基数并不是 30 万元的保费而是现金价值，尤其是在投保
的最初几年，可贷金额远远无法达到所缴的保费。

买保险就这么简单

　　关于保单贷款的规定有据可依，根据《中国保监会关于进一步完善人身保险精算制度有关事项的通知》（保监发〔2016〕76号），"保险公司提供保单贷款服务的，保单贷款比例不得高于保单现金价值或账户价值的80%。"但对保额不大的保单而言，就成了此类保险组合的第五大槽点，所谓的保单贷款实际的可贷金额可能非常有限。

　　对比近年来各家保险公司几款热销的"开门红"产品，可以看到产品形态基本一致，在缴费方式、年金返还、身故理赔等方面基本差异不大。消费者在投保时需看清上述几大槽点，根据自己的实际保险需求选择购买。下表为2018年几款热销的开门红保险组合。

2018年几款热销的开门红保险组合

	A产品	B产品	C产品	D产品
投保范围	18～65岁	0～70岁	0～53岁	0～70岁
交费期间	3年、5年、10年	趸交、3年、5年、10年	趸交、3年、5年、10年	趸交、3年、5年、10年
保险期间	终身	终身	终身	终身
特别生存金	第5、第6年给付保费50%	第5年给付保费20%	第5年给付每份1800元	第5年给付保费20%
生存金	第7年每年给付保额20%	第6年后每年给付保额30%	第5年后每年给付18%	第6年后每年给付保额30%
养老金	65岁后每年给付保额30%	—	—	60岁后每年给付保额30%
身故金	所交保费与现金价值较大者	所交保费与现金价值较大者	所交保费与现金价值较大者	所交保费与现金价值较大者
万能账户	保底1.75%	保底2.5%	保底2%	保底3%

　　备注：内容来自公开信息。

6.3 从万能险结算利率看保单收益

最近两年，P2P 平台暴雷潮让不少消费者心有余悸，大牛这个月收到的万能险利率提示显示"投保的某某万能险产品的结算利率是 5.5%"。想想自己的投资不仅本金没有损失，收益率还很好看，这让大牛颇感庆幸。

这意味着，如果在近几年来投资了一些保险理财产品，与其他的投资理财方式相比，既能保证本金不损失，收益率还处于上游水平。

查阅各家寿险公司官网可以看到，根据各自披露的 2018 年中期万能险结算利率，我选取了各家公司中年化结算利率最高的一款产品，综合后形成目前行业中万能险产品结算利率汇总。从汇总情况来看，各家表现最优万能险目前回报率大概在 4% ～ 6%。不过，当前的结算利率不能代表未来万能险的实际收益率，仅能作为一个参考。

2018 年中期部分高收益的万能险结算利率

排名	保险公司	产品名称	结算利率
1	民生人寿	民生金元宝一号终身寿险	6.90%
2	前海人寿	前海海鑫利 4 号（A）年金保险	6.89%
3	长城人寿	长城金元宝 3 号终身寿险	6.80%
4	珠江人寿	珠江宝赢二号两全保险	6.70%
5	富德生命人寿	附加富赢二号年金保险	6.00%
6	人保寿险	阳光人寿智赢相伴年金保险	6.00%
7	百年人寿	百年星钻账户年金保险	6.00%

排名	保险公司	产品名称	结算利率
8	东吴人寿	东吴聚盈终身寿险	6.00%
9	上海人寿	浦江汇盈五号团体年金保险 A 款	5.98%
10	英大人寿	英大元利团体年金保险 B 款	5.93%
11	利安人寿	E 本万利 1 号 A	5.90%
12	君康人寿	君康金账户年金保险	5.90%
13	天安人寿	天安人寿鑫如意年金保险	5.65%
14	阳光人寿	阳光人寿智赢相伴年金保险	5.50%
15	华夏人寿	华夏财富一号两全保险 D 款	5.50%
16	泰康人寿	附加黑钻账户两全保险	5.50%
17	太平人寿	钻石账户	5.50%
18	中融人寿	中融节节高终身年金保险	5.50%
19	国华人寿	国华 2 号两全保险	5.50%
20	幸福人寿	幸福稳盈一生年金保险	5.50%
21	北大方正人寿	聚财宝年金保险	5.50%
22	德华安顾	德华安顾附加 VIP 年金保险	5.50%
23	中国人寿	国寿鑫 E 两全保险	5.38%
24	合众人寿	合众金裕三号两全保险	5.33%
25	光大永明	光大永明增利宝年金保险	5.30%
26	和谐健康	和谐五号护理保险	5.30%
27	复星保德信	财星二号终身寿	5.30%
28	弘康人寿	弘康弘福一号两全保险	5.20%
29	安邦保险	安邦盛世 2 号终身寿险	5.10%

续表

排名	保险公司	产品名称	结算利率
30	中信保诚	汇金资本两全保险	5.10%
31	吉祥人寿	吉祥人寿鼎盛 2 号两全保险	5.10%
32	建信人寿	附加金账户养老年金保险	5.05%
33	交银康联	交银如意定投养老年金保险	5.03%
34	友邦保险	友邦利市宝年金保险	5.00%
35	太保寿险	太平盛世.长发两全保险	5.00%
36	农银人寿	农银宝一号两全保险	5.00%
37	招商信诺	招商信诺年金保险	5.00%
38	中银三星人寿	财智通一号年金	5.00%

数据来源：各家保险公司官方网站。

从上表来看，合（外）资公司的结算利率普遍低于中资公司。原因有几个方面，从保费体量来看，合（外）资公司的市场份额较小，28 家合（外）资公司仅占市场份额的不足 6%。业务规模的限制、投资能力的限制及与中资公司资源差异等都是直接原因。此外，一部分侧重保障型业务的合（外）资公司本身投资型产品占比就较小。

统计数据显示，仍有绝大多数保险公司的产品结算利率水平具备吸引力。个别收益率明显下滑的公司，一方面有主动调整结算利率、转型的原因，另一方面也可能是出于实际投资收益水平等方面的限制。

虽然上表显示了保险公司万能险中较高的结算利率水平，但在低利率环境下，银行理财等产品收益率普遍下调，万能险长期保持高利率水平并不现实，消费者仍需关注万能险结算利率下调的风险。

个人认为，当前这些万能险收益目前仍能保持在较高水平，应属于此前几年高收益现象的延续：一方面，快速调降结算利率消费者难以接受；另一方面，保险公司也有维持保费规模的需要。因此，从整体而言，在严监管下，保险公司出现风险的可能较小，不少保险公司的万能险产品仍将在一段时期内维持这种较高的收益水平。

同时，应当注意的是，此前一些"资产驱动负债型"中小公司的产品结算利率已经出现明显下滑，那么，对于消费者而言，是否应选择退保呢？

在退保前，消费者可以仔细阅读保单条款，如果购买的是一年期产品，在持有满一年退保是不收取任何费用的，就可以退保转向其他理财产品；如果买到的是从短期到长期的过渡期产品，比如五年期万能险，在五年期满前退保则需要收取一定比例的退保费用。

消费者在购买中短存续期产品时，一般是为了获取高收益，如果中途退保可能得不偿失。个人认为，消费者可以密切关注相关保险公司的整体风险状况，以备不测，或者在结算利率出现明显下滑时选择退出。

对理解万能险的实际功能并以长期投资为目的的消费者，也可以关注结算利率的动态变化了解产品收益。

据《每日经济新闻》2016年12月报道，万能险结算利率与实际投资收益率挂钩后，万能险结算利率虚高现象将有效遏制。根据2016年6月原中国保监会下发的人身险新规，万能险结算利率水平与公司实际投资收益率挂钩并合理确定，即"当万能账户的实际投资收益率连续三个月小于实际结算利率且特别储备不能弥补其差额时，当月实际结算利率应当不高于最低保证利率与实际投资收益率的较大者"。

对于老牌寿险公司而言，万能险结算利率差异也较大。对于资金量大的进入结算利率相对较高的账户，一些公司采取了阶梯式的万能结算利率。此外，公司内部的不同万能险产品之间，结算利率的差异也十分明显。因此，上述产品结算利率并不能完全代表该公司的投资能力，也与公司的产品策略相关。

万能险的短期利率可参照当月的结算利率水平，不过，这并不代表长期水平。如果购买了流动性较差的万能险组合类产品，从长期来看，选择保证利率越高的产品，未来的收益就越有保障。

不过，在消费者实际购买万能险一类的保险理财产品过程中，保证利率却往往不及实际利率的关注度高。

第3篇
多样化需求驱动的互联网保险

第 7 章

意外险

近年来，得益于互联网、大数据、智能手机等的飞速发展，互联网保险变得日趋流行。互联网也称网销保险，是一种以互联网为媒介的保险营销模式，该模式有别于传统的保险代理人营销模式。网络保险最早出现在美国，美国国民第一证券银行首创通过因特网销售保险单。作为一项新兴事物，互联网保险在我国发展的历史不长，但却深刻地影响着保险业的方方面面。

本章主要内容包括：

➤ 意外险有哪些"坑"

➤ 交通工具意外险

➤ 个性化发展的旅行意外险

与传统的保险营销模式相比，互联网保险有几大优点：客户选择产品更方便；服务更便捷；理赔更轻松；保险公司销售服务成本大大降低等。

由于价格便宜，产品责任简单明晰，意外险已经成为当下消费者最容易接受的互联网保险之一。人生中的意外无法预知，也许某天会不请自来。正如几米漫画中所言，"人生总有许多意外，握在手里的风筝，也会突然断了线。"

从保障属性来看，意外险用较小的保费能撬动最大的保额，也是消费者最需要配置的保险种类之一。虽然意外险占人身险保费收入的比例2017年仅为4%，但2011～2017年意外险的年均复合增速仍然以19%增速迅速增长，2017年意外险同比增长21%，在总销售件数中的占比达13%。

意外险的责任一般包括意外身故、伤残，和意外医疗。不同的意外险可能包含上述一种或几种责任。意外伤害不一定导致身故，还有可能导致伤残，从而导致长期的治疗和康复支出。

以车祸风险为例，30%并不导致直接死亡，多见头部受伤、骨折、内脏出血、休克等，除急性治疗期，还有康复期、恢复期。

已经购买了重疾险、医疗险，还有必要买意外险吗？虽然一些重疾险包括重度伤残、失能等种类，但轻度到中重度意外伤残依靠重疾险是无法覆盖的。意外险中的医疗责任如果属于费用补偿型，应遵循最大补偿原则，赔付的金额不会超过实际支出的费用，购买多份也是不能累计或多重赔付的。

本章第 1 节告诉读者，意外险责任相对简单，但消费者在购买时也可能遇到销售陷阱。以目前常见的长期意外险"百万身价"最为典型，虽然表面上看起来是不需要到期返还保费，可以免费获得一份高达一百万元保额的意外险，但从实际收益率角度来看，并不像看起来那么合算。且以保障功能来看，长期意外险在意外伤害责任赔付上也有缺陷。

除了综合意外险之外，在不同的场景下也有对应的意外险产品，比如第 2 节的交通工具意外险和第 3 节的旅游意外险。与综合型的意外险相比，此类针对特定风险的意外险价格便宜，消费者在选购相关意外险时有什么注意事项，有必要购买一款交通工具意外险吗？除了旅行社责任保险之外，消费者如何在旅行前购买合适的旅游意外险？

7.1 意外险有哪些"坑"

7.1.1 "百万身价"意外险合算吗

周先生在银行办理业务时，有人给他介绍了一款号称"百万身价"的意外险，该产品对于自驾车意外的保障高达 190 万元，公共交通意外也有 110 万元的保障，其他意外保障 20 万元。每天自驾上下班的周先生觉得产品挺适合自己，就选择了 5 年缴费的百万身价组合计划，年缴保费 2973 元，保障至 70 岁。

周先生今年 40 岁，如果不考虑资金成本，周先生五年所缴保费是 14865 元，满期生存金返还 14250 元，以此计算实际支出 615 元，分摊至 30 年，每年实际消费 20.5 元。不过，如此计算显然忽略了资金占用的现实。

目前，五年期定存利率是 4.75%，以周先生在 45 岁缴满 14865 元保费计算，接下来的 25 年这笔钱累计的利息就会超过 3 万元。对于一般家庭而言，这笔保费通过一般的理财途径能获得更大的效用。这也是消费者在保单生效后，或续期缴费时感觉不合算的原因。

意外险可以分为一年期（及以内）意外险和长期意外险，上述所谓百万身价意外险正是典型的长期意外险，一般保障几十年的时间，满期返还保费，或者还有少量收益。从表面上来看，返还型意外险不需要花钱就能获得几十年的保障。

长期意外险的优点是省事，缺点也很明显。别的不说，每年要缴纳数千元的保费，对普通家庭而言有一定的缴费压力。就意外保障来看，也并不像看起来那么高大上。

比如，保障范围较为有限。由于主打的是自驾或者其他交通工具意外，而对于高空坠物、动物咬伤等这些一般的非交通工具造成的意外，百万身价意外险的保额较为有限，通常仅有 10 万元或者 20 万元。这意味着，所谓的百万身价只是在特定场景下赔付高达一百万元，并非对于通常意义上的意外风险。

事实上，中国保险行业协会 2017 年的研究报告显示，意外伤害风险原因排在首位的是跌倒坠落，无生命机械力量排名第二，也就是砸伤、割伤、刺伤等。此外，意外溺水或火灾等风险也排在前列。

消费者需要特别注意的是，百万身价意外险对于伤残的一般规定是意外身故或全残保险金。这意味着，对于大部分情况下没有达到全残级别的伤残，是几乎没有保障的。而保费便宜低廉的一年期的意外险，通常是包含了不同级别伤残赔付的保险责任。

假如消费者投保后不幸遭遇车祸，导致轻度运动障碍，经鉴定属于六级伤残，购买的是上述"百万身价"意外险，则不能获得理赔；但如果购买的是一般的短期意外险，经鉴定六级伤残可以赔付 50%，如果保额是 50 万元，保险公司将赔付消费者 25 万元的保险金。

某款一年期意外险对于意外伤害的规定："若因该意外伤害事故导致消费者伤残的，保险公司按《人身保险伤残评定标准（行业标准）》（中保协发〔2013〕88 号）比例给付伤残保险金，累计达到保险金额时，本保险合同终止。"上述《人身保险伤残评定标准》为 2014 年中国保险行业协会、中国法医学会联合发布，残疾等级设置为 10 个伤残等级、281 项伤残条目。所以，消费者在购买长期意外险时，还得擦亮眼睛，看清条款再做决定。

7.1.2　短期意外险购买主要事项

上文所述的百万身价等长期意外险，存在一些消费者容易忽视的问题，那么，购买短期意外险时，又有哪些注意事项呢？

一般而言，短期意外险通常不需要健康告知，只要是身体健康的能正常生活或正常工作的自然人都可以投保。短期意外险保障年龄可以高达 80 岁以上，如果想要更高的性价比，消费者可以选择购买一年期的意外险。

根据分析总结，如下几点注意事项最好记住。

首先，根据中国保险行业协会的《一年期个人意外伤害保险条款（示范条款）》，一年期意外险不包含猝死责任。这对于不少消费者来说都是难以理解的。

根据世界卫生组织的定义，猝死为急性症状发生后即刻或者在一定时间内发生的意外死亡。猝死原因最多见的是心血管系统的疾病，猝死是疾病导致的死亡，病因主要包括冠心病（30%）、心肌炎（20%）、原发性心肌病（10%）、风湿性心脏病（10%）等，因此并不属于意外险的保障范围。

不过，为了增加产品的吸引力，现在也有不少意外险增加了猝死责任，比如某款"附加猝死保险条款"规定，猝死指突然发生急性症状，并在该症状发生后的 6 小时内死亡。

值得一提的是，不同的意外险产品对于猝死的定义有所不同，比如上述产品条款规定猝死的条件是在"6 小时"以内，此外，猝死的保额较低的可能仅有 10 万元。

如果消费者特别关注猝死的保障，可能意外险中涵盖的猝死责任规定就显得较为苛刻了，更好的策略是搭配购买理赔条件更为宽松的定期寿险。因为定期寿险的保障范围更广，不仅赔付疾病死亡，也赔付因各种意外情况而导致的身故。

其次，意外险额度是否越高越好？消费者购买意外险肯定是希望有更高的保额，而高达一百万元保额的意外险数量少，价格也高。如果想要更高的保额，可以采用在多家保险公司分散投保的方式。不过，需要注意的是，一些保险公司对于保额上限有约定，比如个人意外险的累积保额不得超过 100 万元，消费者在购买的短期意外险时要注意是否有相关限制。

为了防止道德风险，对于未成年人购买意外险，通常有保额的限制。对 10 岁以下的未成年人，身故赔付不得超过 20 万元；对 18 岁以下的未成年人，身故赔付不得超过 50 万元。

因此，即便是给一个 5 岁儿童购买了 500 万保额的意外险，最高赔付也只能是 20 万元。由于最高保额受限，相对于成人购买意外险更应该关注保额，在未成年人购买意外险时可以更关注意外医疗，最好是选择免赔额更低、报销比例更高的意外医疗。

目前，市面上大多数意外险报销范围是社保范围内，如果意外医疗不限制社保用药，当然是更好的选择。

第三，关于职业范围。如果是坐办公室的白领，投保意外险是没有什么问题，但并非人人都能投保意外险。一些拒保的案例显示，消费者投保了意外险，出险后却不能理赔，原因在于高危职业不在承保范围内。

一些意外险产品价格非常有优势，仔细来看可能投保范围只包括 1～2 类低风险职业人群，对于在此范围内的消费者而言，可以优先选择这类具有价格优势的产品。市场上常见的意外险通常针对的是 1～3 类、

1 ～ 4 类职业人群。

一般而言，职业分类等级越高，意外险的价格也越高，一些产品还对意外医疗的赔付比例设限。比如某款高风险、高危职业综合意外险，专门承保 5 ～ 6 类职业，也就是说交通警察、货车司机也可以投保，比如 30 万元身故 / 残疾责任、3 万元医疗责任对应的保费接近千元，意外医疗的赔付比例是 80%。

由于高危职业人群工作的特殊性，这类消费者个人很难能买到一款合适的意外险。有没有其他的方法呢？一个建议是高危职业人群可以选择定期寿险产品作为长期保障。

最后，意外险还可能包含意外津贴，比如 100 元 / 天、200 元 / 天，累计赔付不超过 180 天。一般包含意外津贴的意外险往往保费更高，如果要追求更高的性价比，不包含意外津贴也是一个方式，消费者可以根据自身需要选择。

一个值得关注的话题是，如果在多家保险公司购买了多份意外险，会获得多少赔付？一般而言，一个人在多家保险公司购买多个意外险，只要是没有恶意投保、骗保行为，各家公司之间并不互相影响赔付。

据新浪财经 2016 年 3 月报道，一位周姓男子通过线上保险网络平台和线下购买等方式，在某个时间段集中购买了 40 多家保险公司的意外险，保额分别在几十万元到上百万元不等，累计保额超过 4000 万元。这一案例曝出后，多家投保险企开始核实其投保行为和动机，防止恶意骗保行为给行业带来不良影响。

2018 年 9 月，一起利用意外险骗保的案例最终酿成了一出家庭悲剧。据《潇湘晨报》等媒体 2018 年 10 月报道，何某为了逃避十余万元的网络贷款，于 9 月 7 日隐瞒其妻子在某保险公司购买了一份赔偿金额 100 万元的意外险。

9 月 19 日凌晨，何某利用借来的车辆在当地某河段伪造坠河现场，制造车毁人亡假象，企图骗取保险金。

此后，何某因涉嫌故意毁坏财物罪和保险诈骗罪被公安机关刑事拘留。悲剧的是，在丈夫车祸失踪后，妻子在微信朋友圈写下千字"绝笔书"，便带着一对年幼的儿女自杀，让人们扼腕叹息。企图骗保的何某在得知妻子、儿女离世的消息后情绪崩溃，只能吞下自己酿下的苦果。

保险的目的是防范不可预测的风险，投保动机不纯不但不能像预期的那样获得巨额保险赔付，还可能因保险诈骗罪身陷囹圄，甚至害人害己。通过上述几个极端投保案例也可以看到，在集中投保、且累计保额巨大的情况下，很容易招致保险公司核查，以排除恶意骗保的嫌疑。

7.2 交通工具意外险

7.2.1 第一大意外风险事件

对于一个家庭来说，意外带来的影响可能是毁灭性的。一份综合交通工具意外险的保费可能就几十元，但在关键时刻起到的作用是巨大的。

老邱和妻子在城里打工多年，一直把儿子放在老家托老母亲帮忙照看。眼看着儿子就到了上小学的年纪，夫妻俩想着今年做完就不做了，回老家找个工作也好督促儿子的学习。

意外的发生猝不及防，2018 年 5 月的一天，两口子收工后晚上开车回家，车子被一辆侧翻的大货车压住，两口子一个都没能爬得出来。消息传到老家，老母亲悲伤成疾不久也撒手人寰，独留下小孩寄居在亲戚家生活。

在这个案例中，如果夫妻两人还有意外险，至少小孩子在亲戚的照料下能保证生活、读书。在经济条件有限的情况下，遗孤的物质生活和教育也完全丧失了更好的机会。

根据中国保险行业协会发布的保险人群意外伤害风险研究报告，从大类事故原因来看，意外风险的第一大原因就是交通类风险。针对这种高风险的场景，上节所述返还型长期意外险的性价比较低，一年期及以下的交通工具意外险优势就较为突出了。交通工具意外险主要包括飞机和火车 / 高铁两大类交通场景。

首先，航空意外是一类发生概率低、一旦发生后果严重的风险。消费者在购买机票的时候可能会在 OTA（在线旅行社）平台上同时购买一份航空意外险，以某 OTA 平台上销售的航空意外险为例，30 元 / 份的保费对应保额是 280 万元；另一家平台销售的航空意外险是 40 元 / 份，对应保额为意外伤害最高 230 万元，航空交通医疗保障最高 3 万元。

随着第三方互联网销售平台、保险公司官方微信等销售渠道越来越普及，航空意外险的价格越来越便宜。比如，同样是保障单次航班的意外险，在某第三方平台上的产品上 10 元保费就能提供 500 万元保障。

在另一家支付平台上，消费者可以免费获赠 100 万元保额的一年期航空意外险，如果单次加购 8.8 元保额可以升至 1000 万元。

如果是经常乘坐飞机的商旅人士，选择一款一年期航空意外险不仅省去了每次购买的麻烦，性价比也非常高。比如某微信公众号销售的一年期航空意外险，覆盖全年的 500 万元航空意外险，价格是 86 元。除了单次和全年，消费者还有更多的个性化的保障期限可以选择。

其次，是火车 / 高铁意外险。除了在 OTA 平台上搭配销售火车 / 高铁意外险，我们在高铁取票的时候，也会看到页面提示是否加购 3 元的意外险保障。相对于航空意外险，铁路和自驾车的意外险价格更便宜。

除了意外身故 / 伤残、意外医疗之外，铁路意外险可能还会包含行李物品损失保险，而自驾车意外险附加紧急救援保障有紧急拖车服务、路边快修服务、紧急换胎服务、修车期间酒店住宿服务、继续旅行服务。

此类交通工具意外险风险不高，因此价格低廉，对消费者几乎没有太大的负担。为了防止万一发生事故，有一份保险兜底，建议购买为宜，消费者可以单次购买，也可以选择包含这些意外场景的综合意外险。

7.2.2 定制化组合类产品

除了上述产品，还有一些保险公司已经设计出定制化的交通工具意外险组合产品，这些更加人性化的产品设计，极大地满足了不同消费者实际乘坐交通工具的保障需求。

刚大学毕业进入职场的小美，每天早晚都坐地铁通勤，租的房子离地铁站有十多分钟路程。小美常加班，从地铁到家那段路一般都是骑共享单车。周末，小美偶尔会选择打快车或者拼车图个方便。

像小美这样的单身女性，可以根据自己最常用的三样交通工具：地铁、共享单车和网约车，购买相应的交通工具产品组合。

一般而言，含有意外医疗、附加意外伤害住院津贴的意外险，相应的保费也会有所增加，到底是否需要增加这些保障内容依个人情况而定。如前所述，由于医疗责任属于费用补偿型，对于已经有医疗险覆盖的人群来说，不需要重复购买；而意外伤害津贴是可以多次赔付的，保险公司将按消费者实际住院的天数，给付相应的住院津贴金。

有的消费者可能会担心，与长期意外险相比，一年期意外险会不会出现保障空档期。经验显示，在短期意外险投保到期前一定时期，一些第三方网站会在确认邮箱发送继续投保的提示，一键确认即可继续投保。

此外，意外险的生效时间短，很多产品都可以在投保次日生效，还不需要健康告知，从这些方面看，一年期意外险在保障时间上并没有太大问题。在保障年龄范围看，不少一年期意外险投保年龄可至 65 周岁，同样，附加的长期意外险也是独立于主险的，比如最高续保年龄限制在 60 周岁。

个人认为，从投保灵活度来讲，一年期意外险也是更好的选择。可以预期的是，保障功能更好、购买体验更为顺畅的产品将来会越来越多，消费者在保险到期后可以重新选择其他的意外险产品。

目前，市面上有不少性价比较高的综合意外险，是消费者配置意外险的首选。以一款保额 50 万元的综合意外险为例，保费是 150 元，同时涵盖 5 万元的意外医疗和高达 250 元 / 天的意外住院津贴，意外医疗的免赔额是 100 元。此外，在特定风险保障中，一些意外险产品还包括私家车公共交通意外伤害等风险。

鉴于我们每天都要和不同的交通工具打交道，为了防备可能的意外风险，消费者可结合自己使用最多的交通工具，选择相应的交通工具意外险。

7.3　个性化发展的旅行意外险

7.3.1　旅游场景的必备保险

在一所中学教地理的张老师有个最大的爱好，就是自驾游。他曾经自己开车，带着妻子和孩子，从北京出发，途径山西、陕西、四川一直到达贵州，最后再从广东一路游山玩水回到北京。不过，自驾游也不是一帆风顺的，几年前，他在翻越一座高山时遇到车祸，导致他手臂骨折，住院一段时间。

经过此事后，张老师也不忘给自己和家人加上一份保障。如今，他已经购买了私家车意外险。那么，张老师还需要再购买一款旅游意外险吗？

随着老百姓的收入增加，近年来旅游业持续火爆，在特定场景中，旅行意外险的作用不容忽视。

首先，综合意外险的意外医疗费用仅承保境内责任，而旅游意外险则因场景而异；其次，不少综合意外险将 3 ～ 4 类及以上的职业类别都拒之门外，或者收取差额保费，而旅游意外险对于职业并无要求。

其次，相对普通意外险来说，旅游意外险比较有针对性。旅游险则会更多地关注整个旅行过程中各方面的风险，包括医疗费用、人身意外、意外双倍赔偿、紧急医疗运送、运返费用、个人行李、行李延误、取消旅程、旅程延误、缩短旅程、个人钱财及证件还有个人责任等多种。因此，单独购置一份旅游意外险还是很有必要的，特别是出境游。

有的消费者认为，旅行社购买了旅行社责任保险，就没有必要再购买境外旅游意外伤害保险了。对此，监管部门曾专门发文提示，因旅行社责任范围外的意外事故导致的消费者损失不属于旅行社责任保险的保障范围，应对境外旅游意外风险，消费者可考虑购买境外旅游意外伤害保险。

有保险业内人士建议，出境游要考虑的要素除了一般的意外伤害保险之外，还包括医疗保险、SOS 国际救援服务、航班延误、个人责任及医疗运送等。在境外旅游时一旦出现意外，即使是简单的治疗，医疗费用的支出可能会超过旅行费用的数倍。而带有这类境外医疗直付功能的保险，覆盖了这部分的费用。

疾病医疗和遗体送返这两项也是很欧美很多国家签证的基本要求，确保意外发生时，消费者可以得到及时的救治，身故时可以顺利运送回国。

此外，包含财险损失的旅游意外险可以防范旅游出行期间失窃、旅行变更等各类常见的风险导致的损失，比如消费者要去盗窃风险较高的欧洲申根国家地区，就可以选择财产损失保障额度较高的保险。

那么，消费者在购买旅游意外险的时候应该注意什么呢？

首先，旅游意外伤害保险一般按天计算，消费者购买保险的期间应不少于旅游时间，甚至略长于旅游时间，以免在旅游行程发生变化的情况下，因保险到期而失去保险保障。

另外，境外险如果能包括先行垫付也很重要，比如有时候消费者在境外可能没带那么多钱，如果花大钱回来再报销肯定是很麻烦的，如果有救援的先行垫付就很贴心了。在意外伤害发生之后，如果保险公司具备第一现场救援能力，消费者就能获得非常及时的救援服务。

7.3.2　户外运动专属旅游险

据《经济参考报》2015 年 8 月报道，一般而言，发生意外事故后，遇险者一般都会立即向公安、医院、交通等相关部门寻求帮助，但针对沙漠、雪山、大海等户外遇险的情况来讲，上述部门并不是专业的和常设的救援机构。目前，不少保险公司都会提供相关的救援服务。如某家外资保险公司在全球一共有 8 个救援呼叫中心，可以在消费者发生意外的情况下及时提供帮助。

对于极限运动，比如登山、蹦极、潜水等，很多保险公司的旅游意外险是列为除外责任的。户外运动的特殊性决定了相对户外险要把更多的赔偿金额放置在医疗金额的赔偿上，一些保险公司专门推出户外运动专属保险。

户外保险特别针对滑雪、滑水、潜水等水上娱乐运动，以及为骑马、急流划艇、登山（3500 米以上）、高山探险、极地探险，还包括洞穴探险、蹦极、长途无人区、漂流、野外生存、山地越野轮滑、山地自行车越野等特定运动提供保障。

如果消费者想要体验滑雪和骑马这类运动，在一般的旅游意外险之外，是否还有购买户外运动专属保险的必要呢？

个人认为，消费者可以仔细阅读已购买的旅游意外险条款，比如有的旅游意外险规定，只要是参加的是合法组织组织的活动，也在承保范围内。具体的保险条款显示，"海拔不要超过 6500 米" "潜水 18 米以内" 都在承保范围内，因此一般的户外运动都是符合承保条件的。

有保险业内人士认为，受益于大众维权意识、保障意识的增强，游山玩水之前先购买保险已经成为很多出游者的一种主动选择，旅游相关保险因此正受到越来越多的关注。

近年来，自驾车、主题游、定制游、小众游等受到了越来越多游客的追捧。旅游消费者对于个性化、定制化的旅游保险产品所涵盖内容、配套服务有了新的需求。

第 8 章

其他碎片化互联网保险

———————◦————————————————◦———————

近年来，小额、海量、碎片化的互联网保险快速扩容，成为保险市场的一大亮点。

淘宝场景下的退运费险就是其中的典型代表，互联网保险解决了互联网消费场景下的物流环节中的痛点，是需求驱动下的新兴保险形态。很多人可能并不知道，交易环节中一个小小的勾选项获得的保费却是惊人的。

数据显示，2017 年，互联网保险签单件数 124.91 亿件，增长102.60%，其中退货运费险 68.19 亿件，增长 51.91%。

方便、快捷的购险体验起到了教育市场的作用，越来越多的网民买了人生中的第一份保险产品。2017 年，在蚂蚁金服生态上活跃的消费者已经超过 4 亿人。

本章主要内容包括：

➤ 账户安全险到底赔什么

➤ 航延险常见陷阱识别

➤ 手机碎屏保能不能买

➤ 网销重疾险能买吗

从互联网保险消费群体来看，如今，"80 后""90 后"成了主力消费群体，他们的互联网消费习惯早已形成，再加上保险产品在互联网消费环境中承担起交易保障角色，促使他们主动购买保险的意识增强。

由于市场接受度逐步提高，越来越多的保险公司都积极参与到互联网保险销售中。根据中国保险行业协会数据，2017 年，布局互联网财产险市场的保险公司共有 70 家，其中，开展互联网车险业务的保险公司 42 家，开展互联网非车险业务的保险公司 66 家。2018 年上半年，共有 65 家人身险公司开展互联网保险业务，占人身险会员公司总数的近八成。

互联网保险购买的渠道主要分为以下几种，一是传统保险公司的官方平台，包括设立的自有电商平台、移动 APP、微信平台等；二是第三方互联网保险机构，从最初的引流代销的信息平台，逐步发展到为消费者提供一站式保险综合服务解决方案的服务型平台；三是 BATJ 等互联网巨头，及携程、去哪儿等 OTA 平台，与电商购物、理财票务等各类网络消费场景相结合，借助自身的互联网场景直接参与保险销售。

不过，相对于其他标准化的金融产品，保险产品难以做到标准化，简洁的产品设计背后，也很容易暴露出各种问题，比如是否尽到了如实告知的义务、销售页面上是否存在误导现象、理赔体验是否顺畅等。

与传统模式销售的保险产品一样，部分互联网保险也会面临"买时容易理赔难"的问题。由于互联网保险碎片化的特征，一份保险产品可能低至几毛钱，而维权需要消耗较大的时间成本和维权失败的金钱损失，在遭遇侵权或者存在争议的情况下，绝大多数的消费者可能都会选择认赔，这也影响了互联网保险的销售体验。

本章第 1 节搜集了各家平台上销售的账户安全险，对比了不同产品的保险责任及理赔注意事项。近年来，航延险因航空延误事件高发而备受关注，作为与航意险搭配销售的一个险种，不少保险公司开始单独销售航延险；第 2 节内容，重点是告诉读者朋友航延险在哪里购买、理赔等销售环节的误区在哪儿、消费者应当如何维护自身的合法权益。在互联网保险向长尾化发展的趋势下，更多细分的场景需求被挖掘出来；第 3 节是针对手机使用这一场景，保险公司纷纷推出了解决手机屏幕痛点的产品，手机碎屏保给手滑党一族带来福音；第 4 节则告诉读者朋友，在低价诱惑下购买网销重疾险应该注意什么问题。

8.1 账户安全险到底赔什么

8.1.1 到底在什么情况下理赔

如今，电信诈骗、木马植入盗取密码等现象层出不穷，无奈之下，很多消费者开始给自己买一个保障账户安全的产品，而账户安全险可以为自己的账户加上一把锁。

目前，市面上常见的账户安全险，保额从几千元到数十万元不等，保额最高 100 万元，对应保费是 300 元。从理赔次数来看，一般来说，账户安全险在保障期内不限理赔次数，但累计赔付金额以保额为限。

几款常见的账户安全险对比

产品名称	保额	保费
A 公司个人账户资金安全险	1 万元 /50 万元	6 元 /135 元
B 公司个人账户资金安全保险	5000 元 /5 万元	1 元 /10 元
银行卡账户安全险	1 万元 /50 万元	4.88 元 /135.88 元
手机资金安全险	2 万元 /10 万元	6 元 /30 元
个人银行卡盗刷保险	10 万元 /100 万元	60 元 /300 元
个人账户资金损失保险	3 万元 /48 万元	13 元 /98 元
京东百万资金账户安全险	100 万元	2.99 元
支付宝账户安全险	100 万元	1 元

备注：表格内容来自公开信息。

从保障范围看，各家的账户安全险保障范围是不一样的。比如，某款个人银行卡盗刷保险保障的是不同类型的银行卡，包括借记卡、信用卡、存折、网银账户，但对支付宝、微信、财付通等第三方支付账户则不在保障范围。目前，多数的账户安全险覆盖的账户仅限于中国境内（不含港澳台地区）银行发行、管理的账户。

从保险责任看，账户安全险承保的是银行卡被他人盗刷、盗用、复制，对消费者为此遭受的资金损失提供保障，比如消费者手机电脑遭木马病毒攻击导致账户资金受损时，在理赔时基本是没有异议的。那么，在一些"非典型"情况下，消费者也能得到赔付吗？

比如手机丢了，手机里有相关的个人信息，如果被不法分子拾得，可能会面临个人账户被盗。一般而言，手机被盗造成的损失能得到保险赔付。某款账户安全险的产品责任就包括"被他人在银行柜面及 ATM 机器上盗取或转账导致的资金损失"。

如果是消费者故意泄露个人信息导致盗刷，在不在账户安全险的赔付范围之内呢？根据保险理赔实务，如果消费者本身有重大过失导致盗刷，就不在账户安全险的赔付范围之内。从免责的情况来看，包括借给他人使用、没有被胁迫的情况下透露账号及密码、72 小时以内（含）没有挂失或冻结银行卡或其他重大过失行为导致的资金损失。

不过，如果是消费者在受胁迫的情境下交出账户密码，则不属于故意泄露个人信息，也可以得到赔付。比如，某款账户安全险条款规定，"在被歹徒胁迫的状态下，消费者将个人账户交给他人使用，或将个人账户的账号及密码透露给他人导致的资金损失。"

从性价比来看，为特定账户定制的账户安全险价格最便宜。比如支付宝账户安全险、京东百万资金安全险。京东百万资金安全险仅需要 2.99元，保额可高达 100 万元。支付宝账户安全险仅需要 1 元保费即可撬动 100 万元保障。

凭借较低的保费和合适的投保场景，相关的账户安全险吸引了不少消费者的关注。不过消费者需要注意的是，价格便宜背后，产品设计可能会有"坑"。

根据支付宝账户安全险的责任免除规定，"消费者遭绑架、暴力胁迫、抢劫、传销等导致信息泄露或配合完成盗用的。"这意味着，即便是非消费者的主观故意，相关保险产品亦不会理赔。

除此之外，上述产品的免责条款还包括"因消费者点击仿冒真实网站的 URL 地址以及页面内容"被骗取支付宝或银行卡账号、密码等私人资料导致个人支付宝平台上的账户及账户绑定银行卡名下资产或权益。而从通常的理解来说，假如消费者误点了木马链接，导致银行卡密码泄露，从而被盗用，这并不属于消费者的主观故意。

此外，遭遇电信诈骗是否应当理赔？对此，不同的账户安全险的规定是存在分歧的。比如有的账户安全险明确地将"诈骗"列入免责，也就是说，购买了支付宝账户安全险的消费者陷入电信诈骗，主动向骗子转账，或者因犯罪分子引诱而泄露手机验证码，由此造成的财产损失是不能获得赔偿的。不过，也有不少账户安全险对此并没有做出明确的规定，这可能在后续理赔中引发纠纷。

8.1.2 账户安全险理赔指南

假如两位消费者同时投保一款账户安全险，因同样的原因蒙受同样的损失，但理赔的结果可能会完全不同。账户安全险保险责任简单，但在理赔时也有以下几个要点需要特别注意。

首先是理赔材料。一般而言至少要两类材料，一是挂失证明和被盗期间的银行流水；二是公安机关报案回执。前者主要是向保险公司说明你挂失的情况和资损金额，而后者则是财产险方面通用的一种做法，向公安机关报案，公安机关就有可能追回赃款、惩治盗贼。

其次要看免责条款，对于免责条款内约定的损失不予赔付。因此为了得到赔付款，不仅要办好各项手续，消费者需要尽力证明自己的清白，也就是说自己并不是想骗保。

一般而言，账户安全险的赔付范围是因账户被盗发生的直接损失，而非其他间接的损失，比如精神损失费、个人账户挂失、冻结手续费、盗刷期间账户所产生的利息以及透支利息、手续费、滞纳金、因为赔偿纠纷可能涉及的诉讼费用等间接损失，这些是不予赔付的。

不过，也有一些保险公司的产品附加了一些间接损失的理赔责任，比如某款账户安全险的挂失补卡费补贴规定，消费者在保险期间内，包括借记卡、信用卡、存折、网银账户等银行卡被他人盗刷、盗用、复制，给付由此产生的补卡费损失 200 元。

最后，如果消费者在保险期间发生了理赔，下一保单年度是否仍可购买同一款产品？关于这个问题，大部分保险公司的账户安全险产品都是认可的。保险公司在设计产品时已经考虑到道德风险的问题，所以对于普通消费者，即便出险了还是可以继续投保的。

8.2 航延险常见陷阱识别

8.2.1 航班延误催生航延险

铭哥在乘机前，习惯性地打开手机，点击一款航延险的购买链接并付款。对于常出差的铭哥来说，以前也买过航延险，理赔的次数并不多，但最近天气预报显示未来几天可能有暴雨天气，如果延误了还能得到一些保险补偿，"赚到"的概率还是蛮大的。

据《每日经济新闻》2018 年 4 月报道，不少消费者对航班延误的痛苦深有体会，每到快要登机的时候，最怕机场大厅响起柔和但刺耳的声音"我们抱歉地通知您，××航班因为××原因，暂时无法起飞……"而根据中国民航局最新的《航班正常管理规定》，由于天气、突发事件、空中交通管制、安检以及消费者等不可抗力导致的航班延误或者取消，航空公司可不担负相关费用。

航延延误了，有航班延误险能赔付。在需求驱动下，航延险越来越受到市场欢迎。从目前航延险的普遍理赔条件看，航班延误 2～3 小时及以上，就可以获得相应的保险赔偿，保额在 200～300 元。这意味着，航班延误能达到最低理赔条件的消费者，将从保险公司获得补偿。

目前，除了在购票网站上购买航延险之外，消费者还可以在微信公众号、小程序等渠道购买航延险。

为了培育新消费者，一些平台还推出航延险赠险产品，比如在某航旅纵横合作平台上，消费者可以免费领取一年期的航延险，保险责任为航班延误 3 小时后起飞或者航班延误 3 小时后取消可以赔付 6.66 元。如果增加保费至 18.8 元，赔付金额可以升至 360 元，产品显示需提前一天购买。

不过，消费者需要注意的是，作为一种创新型互联网保险，航延险目前并没有规范性产品条款。一些保险公司为了降低赔付率或者提供差异性产品等各种目的，在产品设计上大作文章，比如延长起赔时间抬高赔付门槛、将延误指定为到达延误、缩小保障责任等，如果消费者对产品设计不了解，很可能会掉进保险公司设下的"陷阱"，最终在理赔时被拒，影响自身权益。

目前，航延险产品在获得、购买上较为便利，但对于理赔情况，消费者了解的情况并不多。对于航延险这类创新型保险产品而言，保险公司推出的目的更多的是为了引流，为消费者带来更好的服务体验。因此，在实际理赔中，消费者若向保险公司提出索赔，部分保险公司也会酌情处理。

不过，与其寄希望于保险公司的特别处理，消费者更应该在购买前仔细阅读免责条款。业内人士建议，由于航延险产品设计引发的争议较多，消费者在确认购买前，应该仔细阅读合同内容尤其是相关的免责条款，以免在理赔等环节出现不必要的损失。

在实际理赔环节，一般在触发理赔条件后，消费者需要提交延误证明、登机牌、身份证信息等相关资料，在保险公司核实无误后才能进入理赔程序。对于不常购买航延险的消费者来说，由于理赔程序较为烦琐，可能主动放弃理赔。因此，提前了解理赔是否需要提交材料，并保存好相关单证，是确保自身权益得到有效维护的明智之举。

8.2.2　保险责任可能大"瘦身"

这一次，空中飞人铭哥又"中彩"了。铭哥此次要乘坐的航班已经延误了超过 3 个小时。他觉得，按照 3 小时以上赔付 300 元的标准，这几百元钱应该是落袋了吧。他在机场又苦苦等待十余个小时之后，被告知"航班取消"，航空公司并不负责消费者的餐食和住宿费用。更糟糕的是，原本以为购买的航延险终于有了用武之地，一条来自保险公司的通知却让他百思不得其解。原来，这款航延险将"航班取消"列为除外责任，因此保险公司声称不予赔偿。

"如果不是被拒赔，我都没有注意到航班取消是不在航延险保障范围的。"铭哥对此感到疑惑，明明就是因为延误到了最严重的程度才取消了航班，如今反倒却成了保险公司拒赔的理由。

根据一般保险公司对于航班延误险产品责任的规定，消费者所预订搭乘的航班因自然灾害、恶劣天气、机械故障、该航空承运人的雇员罢工或怠工或临时性抗议活动、恐怖分子行为、航空管制或该航空承运人超售机票而导致消费者所预订搭乘的航班较预定到达时间延误若干小时以上者，保险公司按合同的规定承担赔偿责任。

不过，目前的航延险并没有规范性产品条款，这意味着，保险公司可以在自家公司的产品设计过程中，对保障范围、理赔条件等方面做特别的约定。

事实上，买到了"航班延误"责任除外的航延险，并非只是铭哥偶然"踩雷"，目前市面上大多单独销售的航延险可能很多都是不包含取消责任的。

如航联出行上的多款航班延误险产品显示"不包含航班取消责任"。如 A 产品 2 小时航班延误险规定，20 元保费的保险责任为延误 2 小时赔付 200 元，其除外责任第一条就明确列出"有效保障次数内的航班取消"；B 产品单次航班延误险规定，20 元保费的保险责任为延误 3 小时赔付 300 元，除外责任中显示"不保障航班取消责任，若航班达到延误标准后取消，本产品将不予理赔"。

对此，保险业内人士的看法是，前几年，保险公司为了获客大力推广航延险产品，很多消费者会依据提前多日的天气预报来购买航延险的"逆选择"现象，增加了保险公司对赌失败风险。如果将投保的时间提前至更早于旅行时间，保险公司是有可能提供包含"航班取消"责任在内的航延险的。

除了"航班取消"责任被列入除外责任，现在，不少保险公司在产品设计中还约定了其他的除外责任，比如备降、返航、改签以及保险生效后的机票变更。如某互联网保险微信公众号上销售的国内机场延误险规定，"若消费者投保的航班发生取消、备降、返航的，本公司不承担保险责任。"

从这个层面上看，航延险像是消费者和保险公司之间的对赌游戏，如果刚好到了约定的延误时间，消费者又不是特别赶时间的话，航延险的赔付对消费者来说还能小赚一笔；如果这这场对赌中延误还没到约定时间，保险公司就能省去一笔保险赔付。如果想要保障属性更强的出行险，目前单独销售的碎片化航延险就显得较为鸡肋了。

除了上述消费陷阱，一些保险公司还设法抬高赔付门槛降低保险赔付。

如有的延误险是按照航班到达时间计算的，也就是说，即使航班在起飞时间延误，只要落地时间没有延误到产品约定的时长，消费者也无法获得相应的赔付。在常规情况下，航班的预计落地时间都会有缓冲时间，相比起飞延误，落地延误的概率会稍低一些。

此外，还有部分航延险产品对于部分廉价航空免责。如在某微信公众号上销售的多款航延险产品，适赔航班均不包含春秋航空、九元航空，所以对于乘坐上述两家航空公司航班的消费者来说购买无益。

此前网络上流传一些人利用航延险"薅羊毛"的所谓攻略，"薅羊毛"的现象让保险公司平白蒙受损失，为了防范这一风险，如今一些保险公司在投保须知中还规定，"本产品相同承保期可购买一份，不可与本公司承保的其他航延险产品同时购买。"

在上述产品设计上的问题外，消费者也要小心航延险销售过程中的陷阱。比如有的航延险在推广上极为吸引眼球，但在销售页面的显著位置却没有相应的免责提示。对于实际保险责任是否"瘦身"，消费者还需点开保险条款仔细了解。

8.3　手机碎屏保能不能买

如今，无论是城市还是乡村，绝大多数人都在使用智能手机，而随时随地自拍发朋友圈的低头族，也让碎屏成为很多人的日常情形。刚买的iPhone8 没几天屏幕碎成了蜘蛛网，摔碎屏幕不在整机保修范围之内，换一个屏幕要 1188 元，想想还是挺贵的，于是一些人开始选择购买碎屏保。

如今，越来越大的手机屏幕提升了消费者的触屏体验，但人们使用手机的时间和使用频率导致手机屏幕损坏的概率大大增加，为手机更换屏幕已成为频次最高的手机维修需求。目前来说，市场上换手机屏幕的成本都普遍偏高，而维修市场价格混乱，报价不透明。

买保险就这么简单

根据相关统计，手机碎屏所导致定位故障起码能占维修故障的比例 50% 甚至还多。一般手机更换屏幕的费用在 300 ～ 2000 元，为了解决这一特殊需求，碎屏保应运而生。

目前，在第三方平台上普遍销售的手机碎屏保成为低头族和手滑党的福音。所谓手机碎屏保，是针对手机等数码设备屏幕摔碎的一种保险。手机碎屏保仅需手机 IMAI 码就能实现一键投保，IMAI 查询方式是在拨号键盘输入"*#06#"后，点拨号键。一般而言，消费者购买碎屏保，在投保成功后 30 日生效，期限为一年，保障期内手机发生屏幕意外碎裂后享受保额内的一次免费换屏服务。

与其他类互联网保险一个明显的不同是，手机碎屏保理赔不仅仅是单纯的现金赔付，而是通过获得维修服务的方式进行理赔。通过"保险 + 服务"的模式，可以有效降低道德风险。如某款"手机碎屏保"规定，"当您申请理赔后，由保险公司指定维修商为客户提供一次不超过保险金额的维修服务，非现金赔偿。您同意维修完成后，将您的赔款权益转至维修商处，并由保险公司与维修商进行维修费用的结算。"

那么，看起来很实用的手机碎屏保有没有容易忽视的问题，消费者能不能买呢？

手机碎屏保，顾名思义仅承保碎屏风险，对于其他配件的意外损失不予赔偿，比如因质量问题引起的花屏、黑屏、进液。

从价格来看，手机碎屏保价格不贵，针对非苹果手机的保费大概在一百元上下。不过值得一提的是，如果新手机在非厂家指定的维修机构换屏，一般就不能享受到手机厂商提供的三包服务，保险公司也对此作出提示，"维修后可能会造成无法继续享有手机原有的官方质保政策。"因此，对于消费者而言要做出一个取舍。

从更换屏幕的质量来看，不同的维修机构可能替换的屏幕质量层次不齐。比如有的产品约定采用非原厂部件，或者仅更换外屏。以某宝上销售的一款"手机碎屏险"为例，投保须知显示，产品使用的是原厂品质屏幕，并解释了所谓原厂品质是指屏幕的制造工艺、材料等结构上的品质等同于原装，并非指厂家纯原装屏幕。产品还规定，旧屏幕由维修机构回收，维修统一更换内屏 + 外屏。产品还承诺维修后提供 90 天质保，但不给付现金。

以 iPhone8 为例，碎屏保的保费在 140 ～ 180 元。如果不希望影响手机原有的官方质保政策，消费者还可以选择官修方案，保费在 380 ～ 420 元，从价格来看低于 AppleCare+ 全方位服务计划。所谓官修方案，是保险公司为消费者随机安排就近的评估官方直营或授权维修点，消费者可以选择自行前往或寄送至服务商代办维修。

作为互联网保险产品，手机碎屏保的理赔也较为简便。一般而言，消费者在手机碎屏风险发生后拨打保险公司服务热线保修，并按要求提交理赔材料，根据服务专员提供的流程完成维修环节。

因为契合了广大手滑党的实际保险需求，碎屏保上线之后受到了年轻人关注，越来越多的品牌纳入碎屏保的承保范围，更多的手机消费者只需要不到一百元的保费就可以应对"手滑一次，心碎一次！"的风险。

8.4 网销重疾险能买吗

8.4.1 相互选择的网销重疾

对于购买产品一向偏爱大公司、大品牌的胡女士而言，在互联网上购买一款重疾险，她的内心是抗拒的。在她看来，网销渠道存在诸多不确定性：保险责任看不懂，担心出险后遭遇理赔难，加上没有面对面的销售模式，总感觉不靠谱。

但善于接受新生事物的"90后"小曲觉得，买一款网销重疾险没那么复杂。和小曲一样，很多的"90后"或更年轻的互联网消费者更乐于选择在网上购买保险，因为在网上销售的重疾险条款很容易看到，甚至还能看到其他消费者的评价，在互联网上购买一款保险，即便是长期的甚至稍微复杂一些的重疾险也比较容易接受。

在他们看来，这和他们在网上淘一件衣服、一个物品并没有太大差别，只是产品的形态不再是实物，而是一种服务。对于这部分消费群体而言，一旦被培养起了保险的意识，就会为网销重疾险买单。

年轻的消费者群体也正是这些网销重疾险的目标消费者。在目前网销重疾险购买年龄限制上，超过60岁甚至50岁以上的消费者就已经不能购买了。吸纳更多的年轻化的群体也是这些产品的发力点。

某支付平台销售的重疾险，最集中的消费者人群年龄为25岁～40岁，这意味着，如果你已经超过了40岁，需要付的保费已经不像对年轻人那么友好了。此外，一些具有大数据能力的平台还会对消费者进行筛选，对于有明显的欺诈风险的人会被列入黑名单，不能购买相关产品。

个人认为，无论是线下还是网销，两种方式并无绝对的优劣。线下不乏好产品，加上一位称职的代理人为保单服务，把专业的事给专业的人去做，自己不用再为选择产品、保险理赔等一系列问题多烦心。但如果没有一位值得信赖的代理人，网销也有自己的优势，省去了一部分的手续费支付，还能用更透明的价格"货比三家"。

目前，网销重疾险的规模尚小，中小型保险公司是销售的主力。由于大公司注重规模，但网销万能险件小，可能会对原有业务形成冲击，因此相对而言，中小型保险公司具备更大的创新动力。

我还注意到，不少消费者在选购重疾险过程中还存在如下疑虑：

在网销渠道买重疾险靠谱吗？在互联网上销售保险产品的大都是中小公司，万一出问题能获得理赔吗？中小保险公司实力如何？会不会跑路？会不会找各种理由拖延或拒赔？

事实上，只要是拿到正规保险牌照的公司，即便注册资本有大有小，但都是经过监管部门严格审批，符合系列设立要求以及持续经营要求的，在销售保险产品时，这些公司还经常将偿付能力指标作为宣传卖点，显示公司具备较好的偿债能力。当然，也不能排除资本实力相对较弱的保险公司经营不善的情况，但即便真的出现破产风险，还有保险保障基金接盘。退一步说，在最极端的情况下，破产保险公司的有效保单将会被转移至其他保险公司。

此外，在理赔时，小公司会比大公司更难吗？答案是不尽然。对于重疾险等产品的理赔，只要满足合同约定的理赔条件，在材料齐全的情况下，保险公司没有理由不予理赔。否则，一旦出现这种情况，消费者完全可以向监管部门投诉。

事实上，无论是线下还是互联网渠道，宣传误导的情形都可能存在。比如在线下投保可能会遇到代理人夸大保险责任或收益、隐瞒保险期限等问题。

总而言之，只要消费者对保险行业、保险公司和保险产品有更多了解和认识，上述担忧是不必要的。另一方面来看，在线上购买保险也可能出现一些问题，比如重疾险等相对复杂一些的产品，在缺少代理人讲解产品责任和免责条款的情况下，可能出现对保险责任认识不足，出现"想保的却没有保到"的情况，也可能在健康告知环节中忽略了既往病症投保，或者在对自身是否符合健康告知有疑虑的情况下投保。

对于此类问题，个人建议是，通过咨询人工客服的方式确定是否具备投保条件和解答其他疑惑，现在不少产品对于部分满足健康告知的情况都开通了智能核保功能。

此外，在保险公司电话回访时也可以进一步询问保险责任，一旦发现与预期不符的情况，消费者在犹豫期内退保是明智的选择。无论是线上投保还是线下投保，仔细阅读保险条款是消费者避免购买保险时出现问题的最直接、最有效的方式。

8.4.2　网销保障类理赔难吗

相对于简单、清晰的其他碎片化互联网保险，重疾险产品设计相对复杂，网销重疾险会不会有什么坑？小公司的产品靠谱吗？"投保容易理赔难"一直是保险行业被诟病的现象，对于在第三方平台购买重疾险的消费者，一旦出事该如何理赔呢？

通常来说，出险后要按照理赔流程递交医疗机构等相关证明材料。与传统的线下理赔流程类似，网销重疾险的理赔同样是拨打保险公司电话，然后按照提示递交相关材料，完成理赔流程。此外，若消费者是从第三方服务平台购买网销重疾险，平台一般会给消费者提供绿色通道，在办理理赔的时候拨打平台电话效率会更高。

有保险业内人士指出，如果理赔金较小，有的保险公司规定在 1000 元以内的理赔，可直接通过保险公司的官方微信、APP 等移动端的小额理赔快速赔付通道直接申请，写明出险情况，拍照上传理赔材料。若材料齐全无误，可能最快 3 个工作日内就能获得理赔金。

常见的拒赔原因主要分为两种：一是出险的情况与所保的责任不匹配，比如发生意外险的情形，且不在网销重疾险约定疾病种类范围内；另一类是消费者投保时存在重大的如实告知影响了保险公司的核保决定。这意味着购买网销重疾险之前，健康告知项要逐条核对，如果隐瞒病史或存在侥幸心理，理赔中一旦查出最终损害自身利益。

除了健康告知和免责条款，理赔条件也要加以注意。比如有的网销重疾险规定，被保人必须在合同规定的二级或二级以上公立医院就医才能获得理赔；重疾险的理赔要超过 180 天等待期；根据不同的产品条款规定，因意外导致的身故要返还保费、或者是现金价值。

综上所述，只要是符合保险合同规定，达到理赔条件，保险公司拒赔就没有理由。

据我所知，在目前的理赔实践中，监管部门对于理赔处理的态度是更倾向于保护消费者，对保险公司的投诉处理很严格。不少保险公司负责理赔的人士此前曾表示，即便消费者的理赔要求存在瑕疵，从整个行业而言，都是倾向于用比较通融的方式处理，以最大化地减少投诉。

相比线下投保，线上投保方式的一个优势在于更容易追溯，所有的信息都有交易痕迹，相对于线下口口相传的方式显然更透明。

总之，在购买保险时，你是更愿意选择传统模式，还是互联网渠道，主要还是看自己的爱好、年龄和经济实力，渠道的不同更多还是体现在便捷性方面，在保障功能上并未太大差别。

后　记

很想告诉读者一些真相。

我对于保险的认知始于 8 年前，那时自己还是一名毕业在即的学生，希望尽快谋到一份工作，顺利踏入社会。有一天，来自某保险公司的一通电话让我惊喜万分。

给我来电话的那家保险公司，在行业内颇具规模，品牌形象相当不错，是身边不少同学向往的求职目标。虽然自己对这个行业的很多东西完全没概念，但我很是兴奋了一阵子。

此后的一周，是我对"保险代理人"的认识过程，先是认真准备通过了从业资格考试，被主管安排一天打 50 个陌生电话，向校园周围的店铺小老板讲方案，向身边的亲朋好友介绍保险的各种好处……然而，或许是自己天赋不够、销售能力欠佳，在一单都没做成的情况下，我决定再也不去了。

到底是什么原因让我离开？当时的想法比较简单，或许心中有一点现在看来很是可笑的傲气：不稳定的薪酬、缺乏有效的培训体系、缺乏社会尊重的行业特性、公众保险意识的淡薄……事实上，我是被自己打败了，于是找了一个"我一个学经济的，做这个也太'不靠谱'了"作为辞职的

买保险就这么简单

廉价借口。

如今，回头去看当时仅仅几天的"代理人"经历，竟无意中见证了中国保险代理人的大规模扩张。时至今日，每年都会有很多和我一样的应届毕业生在这个行业短暂停留，当然也有更多的代理人坚持两三年，最后因为签单过少而退出。

有过相关工作经验的人都知道，晨会的气氛很令人亢奋，却很难支撑起被消费者无数次拒绝的沮丧。最关键的是，所谓的培训更多是教授话术，那些话术只是为了促成保单。说老实话，自己主推的产品到底有什么功能、是不是能满足消费者的需求，很多代理人自己都没弄明白。而在这种状况下，代理人不断被拒绝，似乎成了一个解不开的死结。

此后，兜兜转转一圈我又间接回到了保险行业——成为某专业财经媒体的保险记者，继续在保险行业摸爬滚打，每天见不同的人，这些人中，有政策制定者、监管者、保险公司老总、负责产品设计的精算师以及大量的底层代理人，也有幸见证了行业政策演变、保险公司战略更迭、数不清的新产品上线然后退出市场。

我希望在专业新闻之外，对保险行业的观察、研究和思考能够真实地记录下来。不是每个人都有我这般幸运，用近 10 时间以观察者的身份见证行业变化。这种记录应该是客观的，它不是站在任何一家保险公司的角度，尽量平和理性；这种记录应该是真实的，它是基于这些年自己的亲身经历和独立思考。

当前，市场上保险书籍不少，但因专业性太强，普通读者感觉看不懂。当然，随着自媒体的强势崛起，保险类自媒体也如雨后春笋般冒出来。但令人忧心的是，一些所谓的保险推荐实为变相的广告，以利益为导向的自媒体本质上难以做到客观真实，最让人害怕情况是对消费者形成严重误导，比如同一个问题，你可能会看到两种截然不同的答案，本身可能没有绝对的对错，差异较大的原因是各自的立场不同，而且有的没有站在消费者一边，进行理性分析。

值得庆幸的是，市场上也有极少的自媒体生产优质内容，这些内容的背后是保险精算师或产品经理，没有人比他们更懂产品，他们也给消费者合理化建议，或者付费提供家庭保险配置方案。只是，这种有价值的东西不是太多，而是太少了。

基于让更多人真正了解保险，满足自身实际需求，远离噱头陷阱的朴素想法，我花了几个月用心写作本书。

在本书中，我想告诉你们一些真相，保险产品的宣传可能是有水分的，挤掉水分，或者拆分出来从保障和理财角度来看，优点可能竟是缺陷；

我想告诉你们一些真相，政策性的保险可能真的不错，实际想买可能却会遇到哪些问题，或者会遭遇根本买不到的尴尬；

我想告诉你们一些真相，有的保险可能不起眼，但杠杆强大真的值得一买，有的产品收益率很不错，只是没有更多宣传你并不知道；

我想告诉你们一些真相，当代理人告诉你买长期、买保障全的产品，却不会告诉你性价比其实并不高，他不说的，并不是专业度不够，而是受到利益的羁绊；

我想告诉你们一些真相，网销保险有陷阱，也许你以为自己有了保障，实际上并没有，即便发现自己的权益受到损害，却并不知道该怎么应对。

特别要感谢本书的策划人、优质内容运营平台考拉看看·金知联合创始人姚茂敦老师，作为专业资深金融编辑和财经作家，姚老师在选题方向和内容选取等方面，给了我很多有益的指导。得益于他的提议，让我有机会把这些年的行业观察和研究变成文字，也让自己能系统地思考，做一个阶段性的总结。

此外，还要感谢中国铁道出版社编辑老师的辛勤付出。最后，尤其感谢家人的支持，特别是我的果宝，希望你长大之后能做你自己喜欢做的事情，我会以你为傲。作为母亲的我也不会松懈，今天的我正努力成为你的骄傲。